悲劇英雄

項羽

林佩欣 著

三民書局

獻給孩子們的禮物

世界上最幸福的孩子，是他們一出生就有機會接近故事書，想想看，那些書中的人物，不論古今中外都來到了眼前，與他們相識，不僅分享了各個人物生活中的點滴，孩子們的想像力也隨著書中的故事情節飛翔。

不論世界如何演變，科技如何發達，孩子一世幸福的起源，仍然來自於父母的影響，如果每一個孩子都能從小在父母親的懷抱中，傾聽故事，共享閱讀之樂，長大後養成了閱讀習慣，這將是一生中享用不盡的財富。

三民書局的劉振強董事長，想必也是一位深信讀書是人生最大財富的人，在讀書人口往下滑落的多元化時代，他仍然堅信讀書的重要，近年來，更不計成本，連續出版了特別為孩子們策劃的兒童文學叢書，從「文學家」、「藝術家」、「音樂家」、「影響世界的人」系列到「童話小天地」、「第一次」系列，至今已出版了近百本，這僅是由筆者主編出版的部分叢書而已，若包括其他兒童詩集及套書，三民書局已出版不下千百種的兒童讀物。

劉董事長也時常感念著，在他困苦貧窮的青少年時期，是書使他堅強向上，在社會普遍困苦，而生活簡陋的年代，

也是書成了他最好的良伴，他希望在他的
有生之年，分享這份資產，讓下一代
可以充分使用，讓親子共讀的親情，
源遠流長。

　　「世紀人物100」系列早就在他
的關切中構思著，希望能出版孩子們
喜歡而且一生難忘的好書。近年來筆
者放下一切寫作，接下這份主編重任，並結
合海內外有心兒童文學的作者共同為下一代效力，正是感動於劉董
事長致力文化大業的真誠之心，更欣喜許多志同道合的朋友，能與
我一起為孩子們寫書。

　　「世紀人物100」系列規劃出版一百位人物故事，中外各占五
十人，包括了在歷史上有關文學、藝術、人文、政治與科學等各行
各業有貢獻的人物故事，邀請國內外兒童文學領域專業的學者、作
家同心協力編寫，費時多年，分梯次出版。在越來越多元化的世界
中，每個人都有各自的才華與潛力，每個朝代也都有其可歌可泣的
故事，但是在故事背後所具有的一個共同點，就是每個傳主在困苦
中不屈不撓，令人難忘的經歷，這些經歷經由各作者用心博覽有關
資料，再三推敲求證，再以文學之筆，寫出了有趣而感人的故事。

　　西諺有云：「世界因有各式各樣不同的人群，才更加多采多姿。」
這套書就是以「人」的故事為主旨，不刻意美化傳主，以每一位傳
主的生活經歷為主軸，深入描寫他們成長的環境、家庭教育與童年

生活，深入探索是什麼因素造成了他們與眾不同？是什麼力量驅動了他們鍥而不捨的毅力？以日常生活中的小故事，來描繪出這些人物，為什麼能使夢想成真。為了引起小讀者的興趣，特別著重在各傳主的童年生活描述，希望能引起共鳴。尤其在閱讀這些作品時，能於心領神會中得到靈感。

　　和一般從外文翻譯出來的偉人傳記所不同的是，此套書的特色是，由熟悉兒童文學又關心教育的作者用心收集資料，用有趣的故事，融入知識，並以文學之筆，深入淺出寫出適合小朋友與大朋友閱讀的人物傳記。在探討每位人物的內在心理因素之餘，也希望讀者從閱讀中，能激勵出個人內在的潛力和夢想。我相信每個孩子在年少時都會發呆做夢，在他們發呆和做夢的同時，書是他們最私密的好友，在閱讀中，沒有批判和譏諷，卻可隨書中的主人翁，海闊天空一起遨遊，或狂想或計畫，而成為心靈知交，不僅留下年少時，從閱讀中得到的神交良伴（一個回憶），如果能兩代共讀，讀後一起討論，綿綿相傳，留下共同回憶，何嘗不是一幅幸福的親子圖？

　　2006 年，我們升格成為祖字輩，有一位朋友提了滿滿兩袋的童書相送，一袋給新科父母，一袋給我們。老友是美國國家科學院院士，曾擔任過全美閱讀評估諮議委員，也是一位慈愛的好爺爺，深

信閱讀對人生的重要。他很感性的說：「不要以為娃娃聽不懂故事，我的孫兒們一出生就聽我們唸故事書，長大後不僅愛讀書而且想像力豐富，尤其是文字表達能力特別強。」我完全同意，並欣然接受那兩袋最珍貴的禮物。

因為我們同樣都是愛讀書、也深得讀書之樂的人。

謹以此套「世紀人物 100」叢書送給所有愛讀書的孩子和家庭，以及我們的孫兒——石開文，他們都是世界上最幸福的孩子，因為從小有書為伴，與愛同行。

作者的話

你下過象棋嗎?知道象棋上面「楚河漢界」的意義嗎?楚漢相爭的故事在中國歷久不衰,我們平常玩的象棋,棋盤中間寫著「楚河漢界」四個字,就是將象棋遊戲比擬做楚漢相爭,兩方軍隊隔著鴻溝朝對方進攻。你知道楚漢相爭的內容嗎?楚漢相爭講的是秦朝滅亡之後,項羽跟劉邦兩個人爭奪天下的故事,我們故事的主角就是這位在烏江邊自殺的悲劇英雄:項羽。

中國歷史上的人物何其多,但是在「成者為王,敗者為寇」這樣的價值觀之下,我們會記住的通常是「成功的偉人」,可是,項羽偏偏就是個例外。項羽雖然失敗了,但是並沒有被淹沒在歷史的洪流中,反而成為最讓人惋惜的「失敗的英雄」,他的故事一直在民間流傳,在各類戲劇中出現的次數,甚至高過在楚漢相爭中勝利的劉邦,這不能說不是一個特殊的現象。

項羽為什麼會這麼讓人念念不忘?他為什麼會變成西楚霸王呢?為什麼最後會在烏江邊自殺而死,留下這麼悲傷的垓下歌?細說從頭,要從秦始皇開始說起。

戰國時期,秦、楚、韓、趙、魏、齊、燕七個大國,被稱為戰國七雄,這幾個國家各據一方,都想爭奪天下。

西元前 230 年到前 221 年，秦王嬴政憑著秦國的實力和自身的雄才大略，先後滅掉六國，建立了中國歷史上第一個中央集權的國家，成為歷史上有名的秦始皇。秦始皇統一天下，消除了戰國時代各國割據的混亂現象，雖然對發展經濟很有幫助，但是因為秦始皇不斷的發動戰爭，進行許多勞民傷財的工程，加在百姓身上的兵役、勞役和賦稅相當的繁重，他還用嚴刑峻法實行殘暴的統治，帶給人民很大的痛苦和災難。

有沒有聽過孟姜女哭倒萬里長城的故事？傳說，當時秦始皇徵調很多人力去修築萬里長城，孟姜女的丈夫范喜良在新婚之夜被抓去修長城，從此沒有消息。孟姜女不遠千里為丈夫送禦寒的衣物，花了很長的時間才走到長城，最後卻被告知丈夫已經死了，屍體也被埋在長城之下。因為不知道丈夫的屍體在哪裡，孟姜女放聲大哭，最後終於哭倒長城，找到了丈夫的屍體。秦始皇得知萬里長城居然被一個女子哭倒，相當的震怒，下令要捉拿這個破壞「公共建設」的大膽女子。但是當他見到孟姜女之後，對孟姜女的美貌驚為天人，想將孟姜女占為己有。孟姜女知道後，假裝要先幫死去的丈夫辦理後事，藉機拖延時間，等秦始皇迎親的隊伍經過河邊的時候，往河裡縱身一跳，殉情而死。

孟姜女哭倒萬里長城的故事經過後人的穿鑿附會，原來的故事跟後來流傳的故事已經差很多了，但是從這個故事就可以知道，在秦朝的暴政統治之下，當時的人民所遭受的痛苦。

　　秦始皇去世後，他的兒子秦二世皇帝更加殘暴，百姓生命受到很大的威脅。終於在秦始皇死後的第二年，陳勝和吳廣在大澤鄉組織一支義軍反抗秦政府，這支義軍就像是燎原的大火一樣，一發不可收拾，短短幾個月間，勢力橫掃整個中原。受到這支義軍的激勵，各路的英雄好漢也紛紛加入反秦的行列，項羽跟著叔叔項梁起來組織軍隊，開始南征北討的打天下。項羽最讓人津津樂道的，就是他打仗時不怕艱難、一馬當先的魄力，還有明知不可為而為之的英勇氣概，這在中國歷史上可是少有人能與他相比擬的。

　　項羽打天下的過程高潮迭起，他的驍勇善戰也是千古罕見，偉大的歷史學家太史公司馬遷在他的名著《史記》中，將項羽打天下的故事刻劃的淋漓盡致。太史公的文筆相當優美，很多有名的成語典故即是出自項羽的故事，例如「破釜沉舟」、「作壁上觀」、「人為刀俎、我為魚肉」、「分一杯羹」、「以一

當十」、「四面楚歌」等等。看完項羽的故事之後，我們也可以知道更多成語的由來和典故喔！

　　那麼，現在就讓我們進入故事的內容吧！仔細閱讀，細細品味，看看你能夠從項羽的故事中得到什麼啟示。

寫書的人

林佩欣

　　政治大學歷史研究所碩士、臺灣師範大學歷史研究所博士班，曾參與國史館、臺灣歷史博物館籌備處、教育部歷史文化學習網等文案撰寫工作，現任臺灣師範大學僑生先修部人文社會學科兼任講師。認為歷史不應是獨門事業，將艱深的史料轉換為通俗、有趣的素材，讓讀者閱讀時能發出會心一笑，是最有成就感的事。

悲劇英雄

項羽

世紀人物 100

項　羽

前231～前201

1 霸王出生

　　項羽名籍，字羽，西元前231年出生於下相，後人習慣稱他為項羽。項羽出身自戰國時期一個權勢顯赫的家族，項家是楚國的貴族，跟楚國的王室有血緣關係，楚國國君將他們封在「項」這個地方，從此之後他們就遵循當時的風俗，以封地「項」為姓。項家的人世世代代都是楚國的高級將領，擔負著守護楚國疆土的重責大任，當楚國與秦國做殊死戰，面臨亡國危機的時候也不例外，項家人為楚國一直奮戰到最後一刻。

　　項羽的祖父叫做項燕，是捍衛楚國的最後一位名將，在歷史上也很有名氣。當項羽出生後，某一天，項燕抱著他的小孫子，突然驚奇的發現，他的孫子一隻

眼睛居然有兩個瞳孔，這可是不平凡的面相呢！如果用算命先生的話來講，擁有雙瞳孔的人一定不是凡人。傳說遠古時代的舜帝就是「重瞳子」，一隻眼睛同樣有兩個瞳孔。項燕當時心裡想，難道他的孫子將來也會跟舜帝一樣治理天下，為楚國、為項家爭一口氣嗎？

當時的楚國正處於危急存亡的時刻，項燕似乎已經看到了楚國未來的結局與項家的命運。經過一番思考之後，項燕決定將孫子的名字取為「籍」，希望他長大之後能不負家人對他的期望，不論何時何地都能夠保有祖先的氣節，彰顯項家的榮耀。他還為孫子取了一個相當帥氣的字叫做「羽」，希望他的孫子能夠如虎添翼，一飛沖天飛黃騰達。後來的人習慣稱他為項羽。

項羽三、四歲的時候，楚國

的形勢每況愈下，對秦國的威脅一點招架能力也沒有，項燕為了保住項家的香火，於是派最小的兒子項梁帶著剛懂事的小孫子項羽到外面去避難，叔姪兩人於是到會稽山學習武藝。

　　話說秦國在孝公在位的時候，任用商鞅實施變法，秦國在政治、經濟上全面改革，國家越來越強大。秦國在變法富強之後，積極的對外侵略，東方六個國家都受到無比的威脅，東周人蘇秦就提倡東方六國聯合對抗秦國的策略，但是這些國家彼此都有擴張領土的野心，不能夠同心協力對抗秦國，所謂的合作實際上只是一個空架子，遇到秦兵的反擊就迅速瓦解。在秦國的威脅之下，六國的局勢越來越艱難，曾經有過輝煌歷史的楚國也不例外。

　　西元前 225 年，秦國的將領

李信率領二十萬大軍進攻楚國，項燕率領楚軍大破秦兵，斬殺七位秦國的將領，秦軍幾乎全軍覆沒。秦王嬴政聽到秦軍戰敗的消息，火冒三丈。隔年又繼續派將領王翦率領六十萬大軍進攻，王翦採取堅守不出的戰術，趁項燕防備鬆懈的時候偷襲，楚國因此吃了敗仗。王翦攻下楚國的首都壽春，俘虜楚王負芻，項燕敗退至長江以南。後來，王翦製造戰船渡江追擊楚國剩餘的軍隊，項燕終於在那場戰役中為國捐軀，楚國也在西元前 223 年被秦國消滅了。秦國滅掉楚國不久後，又滅掉燕國和趙國，終於在西元前 221 年，滅掉齊國之後統一天下，建立了中國歷史上第一個中央集權的帝國。

項家人在這場亡國的戰役中付出相當慘重的代價，老將項燕為國捐軀，族人屍橫遍野、血流

　　成河。當項梁帶著姪子項羽回家鄉探望親人的時候，只見到死狀悽慘的親人和殘破不堪的家園。當時項梁痛心的跪在院子裡，拉著姪子項羽對天發誓：「只要項家人的命脈沒有斷絕，我們叔姪還活在世上的一天，我們就一定會報仇雪恨！」那年項羽只有八歲，從此之後跟著叔叔項梁到處漂泊，四海為家，他的人生信條就是為楚國報仇雪恨，告慰祖父項燕在天之靈。

　　就這樣，項梁帶著小項羽到處流浪，打零工維持生活，項梁把項家的希望放在小項羽身上，希望小項羽能夠認真學習，為項家爭一口氣，因此他有空的時候，就會教教小項羽讀書寫字。但是小項羽好像對讀書興致缺缺，不管項梁說破嘴皮，費盡心思，卻好像對牛彈琴一樣，項羽總是一點反應也沒有，學了一年

多大字還是不認得幾個，簡直把項梁給氣壞了。

項梁見學文的不成，乾脆棄文從武，改教小項羽劍術，沒想到小項羽還是沒有好好學，氣得項梁把他打了一頓，直罵小項羽不爭氣、沒出息。沒想到小項羽居然跟叔叔頂嘴，爭辯說：「看書識字學再多有什麼用？只要會記個姓名就可以了；學習劍術又能怎麼樣？最多只不過對付一、兩個人而已。如果您要教，就教我一些能夠抵擋千軍萬馬的真本事吧！」項梁聽了大吃一驚，他從沒想過項羽原來有這樣大的志向，心想以前真的是錯怪他了。於是，項梁開始教小項羽學習兵法，跟他講解帶領軍隊的技巧。這一次小項羽總算表現出濃厚的興趣，很快的掌握了兵法的基本要領。可惜的是，項羽沒什麼耐性，學到一些皮毛之後，就不肯

再繼續深入鑽研了。

　　就這樣，項梁帶著小項羽到處闖蕩江湖，每到一個地方就跟當地的豪士鄉紳交朋友，半路遇到不公不義的事情還會拔刀相助。後來，項梁不小心殺了人，為了逃避官府的通緝，他帶著小項羽逃到吳中這個地方避風頭。

　　來到吳中之後，項梁叔姪繼續擴大自己的交友圈，接觸每個領域的奇人異士，認識當地的豪傑。因為項梁叔姪為人相當的慷慨、講義氣，而且不怕地方上的惡勢力，很快的就變成當地最有威望的人物。每當地方上有重要的事情，比如說婚喪喜慶或是其他的大型活動，都會邀請項梁去主持。項梁幾乎每個場合都會參加，運用兵法知識指揮大家處理事情，然後暗中觀察大家的能力，把每個人的才能記在心裡。因為項梁把事情安排得有條有

理，逐漸建立了他們的威信。這些年，小項羽也跟著叔父到處東奔西跑，走遍吳中的大街小巷，開闊了視野，增長許多見識，學會很多本領。項羽長大之後，身材相當高大，有八尺多，換算成現在的單位，大概是接近兩百公分左右，而且體格相當的魁梧。項羽的力氣很大，光用手就能夠舉起笨重的大鼎，為人相當的有氣魄和才幹，因此，吳中這地方的年輕人都很佩服項羽，對他必恭必敬。

西元前 210 年，秦始皇東巡到會稽郡，巡視的陣容聲勢相當浩大，當出巡的隊伍經過錢塘江的時候，很多百姓都跑來觀看，項梁和項羽叔姪兩人也擠在人群裡。項羽看到秦始皇威風的樣子，情不自禁的說：「我可以取代他！」話都還沒說完呢，項梁就急急忙忙把他拉到一邊，要他閉嘴

不要亂說話，怕他惹來殺身之禍。從那天開始，項梁對項羽刮目相看，心裡想項羽年紀輕輕就胸懷大志，將來一定不會是個普通的人物。

秦始皇與兒子胡亥巡遊天下，沒想到在半路上生了病，死在沙丘，臨終前秦始皇留下詔書，要將王位傳給大兒子扶蘇，這個遺詔掌管在宦官趙高手中。跟著秦始皇巡遊天下的丞相李斯，深怕如果秦始皇半路駕崩的消息傳出去，不知道會惹來什麼變故，所以決定等到巡遊的車隊回到咸陽後才公布這個消息。李斯把秦始皇的遺體放在可以調節溫度的車子裡，就跟秦始皇還活著一樣侍奉他飲食，文武百官照常在車子前面跟他報告國家大事，李斯戰戰兢兢、小心翼翼的，就怕漏了餡。當時正是 7 月，天氣很熱，不久之後車子裡

開始飄出屍臭味，為了掩蓋這股味道，他們又在隨扈的車子裡裝進成堆成袋的鹹魚，想要用鹹魚的臭味來掩蓋秦始皇的屍臭味。秦始皇死後無法及時入土為安，這個一代暴君的下場相當淒涼。

趙高和李斯為了自己的野心，想出計策讓秦始皇的長子扶蘇自殺，由另一位王子胡亥登基成為秦二世皇帝。

新繼位的秦二世更加的昏庸和殘暴，他殺害了其他的兄弟姐妹和不服從他的大臣。趙高後來害死李斯，政治的大權落到他的手上，趙高建議秦二世要實施更嚴格的法律和更殘酷的刑罰，胡亥聽從趙高的建議，不顧百姓的死活，繼續大興土木推動工程，動用數十萬人修建阿房宮。為了穩固政權，秦二世還下令徵調壯丁防守國都咸陽跟其他邊陲地方。秦朝的政治越來越黑暗，人

民的生活越來越痛苦，終於釀成了陳勝和吳廣這第一一波的反秦勢力。

2 舉兵反秦

　　西元前 209 年 7 月，陳勝和吳廣兩個人奉命帶領九百多人到漁陽防衛，沒想到半路走到蘄縣大澤鄉的時候，連下了好幾天的雨，雨下得又大又急，耽誤了他們到漁陽報到的時間。根據秦朝的法律，如果沒有準時到地方防守的話，是要被處死的。反正伸頭一刀，縮頭也是一刀，陳勝和吳廣兩人乾脆一不做二不休，領導其他的人起來造反。

　　人民期待這股反秦的行動已經很久了，這把造反的大火開始狂燒，各地的英雄豪傑紛紛響應陳勝和吳廣的起義，他們推舉陳勝為義軍的首領，在陳縣建立政權，國號為「張楚」。就像是野火燎原一樣，反秦的勢力立刻在整個中原蔓延。那一年 9 月，項

梁和項羽叔姪二人也在吳中起兵，加入聲討秦朝的行列，他們的信念就是要復興楚國，告慰戰死的項家人。

當時，會稽郡有個郡守叫做殷通，他看到秦國的政權搖搖欲墜，自己的官位難保，也想要反叛朝廷；但是他又不願承擔亂臣賊子的罪名，於是想出一個自以為萬全的計策。項梁在吳中一帶名氣響亮，殷通派人去找項梁和項羽，想要拿他們兩人當擋箭牌，讓他們出面召集群眾反秦，利用項梁的聲望和力量讓會稽人服從他，自己在後面舒服的指揮就好。

殷通對項梁相當推心置腹，可是項梁看出殷通這個人一肚子壞水，始終對他懷有戒心。

只見殷通對項梁說：「我們這些人拿朝廷的薪水，替皇帝治理天下，如果起來反叛政府，實在

是不合情理啊！我聽說你家代代都是楚國的大將，德高望重，一定很有號召力，現在起兵反秦，匡復楚國，一定非你不可！」項梁聽了之後在心裡冷笑，表面上還是不動聲色的說：「郡守大人言重了，我只是鄉野草民，見識短淺，不夠擔當這個重責大任，如果郡守大人真的有誠意的話，我倒是有個好主意。」

　　殷通一聽相當高興，連忙要項梁繼續說下去。項梁接著說：「我們吳中最有名的壯士就是桓楚了，但是這個人犯了法，為了躲避官府的追捕，現在不知道藏到哪裡去了，只有項羽知道他的去處，我去問問他。」說完，項梁走到屋外跟項羽暗中商量，要他拿著劍在外面等候，見機行事。然後，項梁又回到屋內告訴殷通說：「項羽果然知道桓楚在哪裡，還是把項羽叫進來問個清楚吧！」

單純的殷通哪裡知道這是項梁的陰謀，高興的連忙把項羽叫進屋內。只見項羽一進屋，項梁就對他使了個眼色，叫了一聲：「動手！」話都還沒說完呢，項羽就拔出寶劍，把殷通給殺死了。

項梁提著殷通的人頭，把郡守的印信掛在身上，走了出去。發生了這種事情，官府裡的人都嚇呆了，過一會兒才回過神來，打算仗著人多勢眾捉拿項梁和項羽。項羽相當英勇，一連殺了近百個人，其餘的人都嚇得跪在地上不敢起來。這時候，項梁召集他認識的英雄豪傑和官吏，告訴他們準備起兵的事情，並且豪氣萬千的說：「既然要起兵，就要來真的！如果讓殷通這種小人當領袖的話是不會成功的。」其他人聽了也覺得很有道理，連忙點頭稱是。項梁成功的說服大家之後，自己當了會稽郡的郡守，還派人

到附近去招兵買馬，很快的召集到精兵八千人。項梁迅速的占領了吳中各縣，擴大了自己的勢力，當時項羽才二十四歲而已，就被項梁任命為副將，相當的威風。

同一時間，陳勝的軍隊已經打進函谷關了，秦二世知道這件事情之後相當的驚恐，立刻派大將章邯率領在驪山服役的犯人反攻，陳勝的軍隊遭到嚴重的挫敗。西元前208年1月，陳勝的部將召平，聽到陳勝在別的地方打敗仗，而且秦國的大將正率領軍隊浩浩蕩蕩往自己這邊進攻的消息。召平知道自己打不贏秦軍，為了活命，他乾脆假造陳勝的命令，任命項梁為張楚的上柱國，上柱國就是楚國最高階的武官。召平跟項梁說，陳勝要他帶兵攻打秦國的軍隊，但實際上這是一個大騙局，召平想犧牲項梁

的軍隊來保護自己。項梁不知道受騙，項羽也沒有看出破綻，叔姪兩人於是率領八千名江東子弟渡過長江攻打秦軍，還邊走邊招兵買馬擴充實力，一路上收編了陳嬰、黥布、蒲將軍等人的軍隊，不久就募集到大概六、七萬人，陣容更加壯大了。

後來，陳勝已被殺害的消息傳來之後，各路義軍群龍無首，人心惶惶，項梁叔姪抓住機會，將來自各地的將領召集到薛城，討論義軍日後的動向。當時，劉邦也在他的故鄉沛縣起兵，聽到消息之後也趕來投奔項梁，劉邦自己原本有五、六千人，項梁又給他士兵五千，將領十位，壯大了劉邦的實力，劉邦於是開始了與項家人共同打拼的歲月。

在這裡，我們簡單的介紹一下劉邦，這個影響項羽往後命運的關鍵性人物。劉邦出生於沛縣

一個農戶家裡，父親叫做「太公」，母親叫做「劉媼」，就是「劉老爹」和「劉老太太」的意思。劉邦年輕時性格豪爽，待人寬容，但是他不喜歡讀書，也不喜歡耕作，整天遊手好閒到處瞎晃，他的父親常常罵他是個無賴，還說他不如哥哥們老實守本分，劉邦也不以為意。

劉邦長大之後，因為交遊廣闊，被推舉為泗水的亭長。亭長就是現在的里長，負責接待來來往往的官吏，在當地也算小有名氣。有一次，劉邦押送犯人到首都咸陽，見到秦始皇出遊，當時咸陽城內的百姓都到街上看出巡的盛大場面，望著秦始皇威風的樣子，劉邦不禁羨慕的說：「大丈夫應該要這樣才對啊！」

西元前 210 年，劉邦押解犯人去修驪山陵寢，半路上因為天氣不好耽誤了行程，劉邦知道耽

誤行程的下場就是被處死刑，反正都是死，想來想去乾脆決定叛變。劉邦放走其他的犯人，大多數的人都逃走了，只有小部分的人願意跟著劉邦，成為他早期的兵力來源。劉邦又得到蕭何、曹參這些賢士的幫助，號召民眾殺死沛縣的縣令，響應起義，大批民眾攻入縣衙，不多久就占領了整個城市，打開城門迎接劉邦入城。在眾人的擁戴之下，劉邦加入反秦的行列，當時人稱他作「沛公」。剛開始的時候，劉邦也打了幾場小勝仗，可是漸漸的，劉邦感到自己的力量太弱，剛好在這個時候，項梁和項羽率領的軍隊進入薛城，成為反秦義軍中一支強大的力量，劉邦於是決定投靠項梁。

我們回過頭來看看薛城會議的發展。項梁在薛城召開會議之後，由於他的軍隊力量很強大，

因此他被推舉為義軍的領袖。這時有一個叫做范增的謀士，他已經七十歲了，聽說項梁在薛城召開會議，於是跑去找項梁獻上計策。

范增跟項梁說：「陳勝會失敗是必然的事情，雖然秦國把六國滅了，但最後跟秦國做殊死戰的是楚國。當年楚懷王出訪秦國時，被秦國扣留，不讓他回國，這件事楚人到現在都懷恨在心，才會有『即使楚國只剩下最後三戶人家，最後滅亡秦國的一定還是楚國人』這樣的說法。可是陳勝起義，不但沒有立楚王的子孫，反倒自己做了王，這根本不合天理，也得不到百姓的支持，當然無法成功。現在您在江東起兵，各地起義的軍隊都爭著歸附於您，您知道是什麼原因嗎？是因為您家世世代代都是楚國將領的緣故，大家都認為您一定會為

我們立一個楚王的子孫啊！」

項梁覺得范增的話很有道理，為了鞏固自己的力量，獲得民眾的支持，項梁決定聽從范增的建議，擁護楚懷王的孫子「心」。當時心早就淪落為牧羊人，項梁讓他擁有跟祖父一樣的帝號——楚懷王，作為各路起義軍共同的領袖。項梁則自稱武信君，表面上服從楚懷王的命令，實際上是各路起義軍的盟主，軍隊都要聽他的命令，就這樣，一個新的楚國政權誕生了。

薛城會議之後，項梁對部隊進行初步的整頓，然後率領軍隊攻打亢父，接著與齊的田榮、龍且等人合力援救北方的東阿。項梁又命令項羽和劉邦帶領兩支分隊進攻城陽，這幾場戰役中項梁的軍隊獲得空前的勝利。項羽和劉邦攻陷城陽之後，又折往西邊擊敗了濮陽的秦軍，將秦軍逼進

濮陽城內不敢出戰。同一年的 8 月，項梁又率領軍隊南下，在定陶這個地方再一次打敗秦國的軍隊；同一時間，劉邦和項羽率領軍隊與另一支秦軍在雍丘作戰，殺死秦將李由，擊敗秦軍在洛陽周圍最強大的一支兵力。短短的三個月內，項梁的軍隊四戰四捷，狠狠的打擊了秦軍的士氣，義軍受到很大的鼓舞，也更堅定要戰勝秦軍的決心。

　　義軍在各地起義都獲得勝利，加上項羽殺死秦國大將李由，這些戰績讓項梁驕傲自滿，甚至開始輕敵，認為秦軍已經不是他的對手，不把他們看在眼裡。沒想到那年 9 月，秦國的將領章邯經過長時間的準備，等咸陽的援兵抵達之後，突然在一個月黑風高的夜晚冒雨偷襲項梁，由於事發突然，項梁在沒有心理準備的情況下匆忙應戰，好夢正

醋的楚軍也倉促上陣，結果被殺個片甲不留，項梁也在那場戰役中陣亡，楚軍損失慘重。

　　這時候，項羽和劉邦正在外黃作戰，因為秦國軍隊頑強抵抗，雙方已經大戰一個多月，項羽和劉邦還是無法順利攻下城池，正當他們準備要轉攻陳留的時候，得到項梁戰死的壞消息。

　　項梁戰死的消息傳來之後，軍營內外一片恐慌，不知道如何是好，項羽更是又傷心又氣憤，想要立刻派遣軍隊跟章邯拼個你死我活，把他碎屍萬段，好替叔叔報仇雪恨。這時候反而是劉邦比較冷靜，他勸項羽說：「楚軍的主力已經損失了這麼多，人心動盪不安，兵士們也十分恐慌，我們不能這麼衝動，不能感情用事，應該從長計議，暫時躲避一下，留得青山在，以後再找機會報仇吧！」項羽聽了劉邦的建議之

後，認為他講得很有道理，決定化悲憤為力量，立刻指揮部隊往東撤退，重新部署戰線。

於是，楚軍三支主力部隊暫時安頓下來，呂臣的軍隊駐紮在彭城，項羽的軍隊駐紮在彭城西方，劉邦的軍隊則駐紮在碭縣，準備互相接應，隨時對秦軍展開反擊。

3 破釜沉舟

　　你知道成語「破釜沉舟」的意義和典故嗎？這可是發生在項羽身上的故事喔！

　　話說秦國的將領章邯打敗項梁之後，也開始驕傲起來，認為義軍已經沒有什麼力量，不會對秦朝造成威脅，這下可以高枕無憂了。這一年9月，章邯率領軍隊渡過黃河，進攻剛剛恢復國號的趙國，趙國因為才剛獨立的緣故，國家的力量很弱，軍隊戰鬥力不強，一遇到章邯率領的秦軍就紛紛逃走。章邯幾乎沒有遇到什麼阻礙，一路上勢如破竹，大搖大擺的開進趙國的首都邯鄲。章邯到邯鄲之後，強迫居民通通遷離，將整座邯鄲城徹底破壞，趙王歇和宰相張耳見苗頭不對，退守到鉅鹿，哪知道鉅鹿這個地

　　方也不安全，他們前腳才剛到，就被尾隨而來的秦將王離的軍隊團團包圍住，章邯則將士兵駐紮在鉅鹿城南方，加緊修築通道，源源不斷的給王離輸送補充軍糧。鉅鹿城內的趙軍形勢相當危急，不斷的派遣使者向楚懷王求救。

　　當楚懷王知道項梁在定陶戰死的消息之後，當下就決定遷都到彭城，並且召集呂臣、項羽和劉邦等人共商大計。當時宋義建議楚懷王說：「想在反秦的戰爭中站穩腳步，擴大聲勢，就必須主動西進，攻占秦都咸陽。如果退避的話，就只有挨打的分。」楚懷王接受了宋義的建議。可是當時秦軍的戰鬥力很強大，誰也不敢冒險攻打秦國的根據地，生怕有去無還，白白送死。有道是重賞之下必有勇夫，楚懷王見沒人願意領命，他當場宣布，不管是誰

先進入關中就可以當關中王。

乍聽到先入關中的人就可以當關中王的消息，讓劉邦很心動，立刻第一個請戰，說他願意攻打關中；這時候項羽也不甘示弱，向楚懷王說他也願意出征。兩個人都這麼踴躍，那麼究竟該派誰好呢？這時楚懷王身邊的老臣提出他的看法。他認為項羽個性較為粗魯、殘暴，當初陳勝和吳廣這兩人就是以暴制暴，不得人心，最後才會失敗；這次如果再派項羽到關中去的話，一定又會重蹈覆轍，還不如派一位德高望重的長者，可以藉機收攬民心，這樣不用浪費一兵一卒，人民就會自動歸順。

楚懷王聽了老臣的建議之後，心中已經決定要派劉邦領兵前往咸陽，但是他不知道怎麼跟項羽交代。正巧這個時候，趙國派使者前來求救，說章邯正率兵

包圍趙王，趙國的局勢相當危急。項羽一聽到章邯的名字，馬上氣得怒髮衝冠，恨不得馬上砍下章邯的頭顱，告慰叔父項梁在天之靈，當場向楚懷王請命前往鉅鹿援救趙王。此舉剛好正中楚懷王下懷，楚懷王立刻決定，任命宋義為上將軍，做全軍的最高統帥，項羽為次將，范增為末將，率領軍隊北上援救趙國。楚懷王同時命令劉邦率領軍隊向咸陽進攻，直搗秦朝的心臟地帶。

西元前 207 年 10 月，宋義率領援軍前往救援趙國，但是大軍開拔到距離鉅鹿不遠的安陽之後，宋義因為害怕秦軍的氣焰，居然就在原地按兵不動，待了四十六天還不敢前進，雖然當時趙國的狀況相當危急，頻頻派來求救的使者，宋義卻還是一點反應也沒有。項羽急著要攻打秦軍為叔父項梁報仇，看到宋義裹足不

前，心急的對他說：「現在秦軍圍住鉅鹿城，趙國危在旦夕，我們應該快點率領軍隊渡過黃河，從外圍攻打秦兵，讓趙國從內部反攻，這樣裡應外合，一定可以打敗秦國。為什麼要在這裡空等呢？一旦錯過機會，一定會後悔莫及的！」

宋義聽到項羽的責問，不慌不忙的回答：「你懂什麼？行軍打仗不能夠光靠蠻幹，一定要用腦袋才行啊！此時出征就像用手掌猛擊牛背一樣，雖然能打到牛背上的小蚊子，卻打不到牛毛裡面的蝨子。章邯的軍隊就像是露在牛毛外面的小蚊子，但我們真正的心腹大患卻是秦本國的軍隊。現在秦軍正在攻打趙國，戰爭耗費這麼多時間，即使秦軍戰勝了趙國，軍隊也會疲憊不堪，到時候我們就可以趁虛而入，將他們一網打盡。如果秦軍到最後並不

能打敗趙國，我們也可以趁著秦軍敗退的時候大舉西進，攻打秦的根據地，取得最後勝利。所以我們暫時不要派兵出戰，讓他們兩國繼續打下去，等他們兩敗俱傷之後，我們再坐收漁翁之利，這樣不是很妙嗎？」

宋義見項羽沒有反駁，心裡更加得意，以為自己在言詞上占了上風，又繼續毫不客氣的說：「如果要說在戰場上衝鋒陷陣，我一定比不上你，但是說到運籌帷幄，使用兵法，你卻比不上我呢！」不僅如此，宋義還當場頒布一道軍令：「凡是像猛虎一樣凶惡，像公牛一樣狠毒，像野狼一樣貪婪，桀驁不馴、不聽命令、不服從指揮的人，一律格殺勿論！」項羽雖然是個粗人，但也聽得出宋義的言外之意，他這話很大的部分是說給自己聽的，項羽心裡當然很不是滋味，但是他強

壓住心頭的怒火，暫時忍了下來。

這個時候，宋義又忙著打通關係，為了加強和齊國的聯盟，宋義安排自己的兒子宋襄到齊國當宰相，並親自送行。當軍隊行進到無鹽這個地方的時候，宋義舉行盛大的宴會為他的兒子慶祝，大夥兒飲酒作樂起來。當時正值冬季，天氣很冷，外面又下著大雨，軍糧根本就不夠，士兵們穿著單薄的衣服，又冷又餓。項羽看了實在於心不忍，於是打算激起士兵同仇敵愾之心，利用這個時候發難。

項羽生氣的對士兵們說:「現在本來是應該合力進攻秦軍的時候，我們的軍隊卻停滯不前，反而在這裡浪費時間，讓弟兄們受苦受難。今年的收成不好，百姓們都很貧困，所以軍中的糧食不夠，士兵們都在挨餓。宋義身為

上將軍，是整個軍隊的最高統帥，這個時候不跟士兵們同甘共苦，卻大擺酒宴徇私取樂，不但不肯率領士兵渡河跟趙國合攻秦軍，還說什麼要等秦軍疲憊的時候再下手。秦朝那麼強大，要攻打剛建立的趙國，趙國一定會輸的。滅掉趙國之後秦軍必定又更強大，哪裡會有什麼疲憊可言？這是禿頭頂上的虱子，再明顯也不過的事情啊。楚懷王把可動用的軍隊都交給宋將軍，這麼信任他，國家安危就掌握在他手上。可是宋將軍卻不體恤士兵，只會照顧自己的人，這樣的人算什麼首領？他根本不是國家的忠臣！」

　　其實，楚軍的主力才剛被秦軍打敗，楚懷王坐立不安，很怕發生什麼危險，所以才把所有的兵力都交給宋義，但項羽對楚懷王任命宋義做統帥早就相當不滿，現在更對宋義害怕敵人、只

知道謀取私利的行為相當生氣。項羽認為宋義根本就不是個愛護士兵的將領，一點都不值得為他效命。在忍無可忍的情況之下，某天早上，項羽闖入宋義的營帳中，宋義還沒反應過來，項羽就拔出身上的寶劍，斬下宋義的頭顱。接著，項羽手提宋義的頭顱，走到營帳外面，慷慨激昂的對將士們說：「宋義和齊國勾結，想背叛楚國，我已遵照楚懷王的密令將宋義殺死了。」將領們都對項羽這種英勇果敢的行動感到佩服極了，他們異口同聲的表示：

「最早倡議創建楚國的就是你們項家的人，現在您又平定了一場禍亂，保衛了楚懷王，立下大功。我們願意跟隨您出生入死，共同討伐秦賊！」

於是，將領們共同推舉項羽為代理上將軍，並且派人追殺宋義的兒子宋襄以斬草除根，一直

追到齊國境內才得手。項羽同時派人向楚懷王報告整個事情的經過。楚懷王雖然對項羽擅自殺害主將很不滿意，但是眼看事情已經成為定局，再不高興也只能接受，只好順水推舟，任命項羽為上將軍，黥布和蒲將軍都歸項羽管轄，讓項羽率領軍隊救援趙國。經過這次的風波，項羽才真正掌握了部隊的控制權，他即將親自指揮楚軍攻擊秦軍、援救趙國，打了他一生中最輝煌的戰役，不僅威震楚國而且聞名四方，打響他英勇善戰的名號，這時候項羽不過才二十五歲呢！

同年12月，項羽抱著必死的決心，率領軍隊往鉅鹿城出發。當時秦軍人數比楚軍多得多，項羽評估雙方的形勢，認為這個時候不能蠻幹，要運用策略。於是他先派黥布率領兩萬名士兵渡過漳水偷襲秦軍，成功切斷秦軍供

應糧食的通道；接著，他親自率領全部的兵馬渡過漳河，過河之後，下令鑿沉所有的船隻，並把所有煮飯的用具都打破，每名士兵身上只准帶三天的乾糧，完全阻斷了士兵們的退路。項羽用這個方式來表明跟秦軍決一死戰，不求生還的決心，這就是著名成語「破釜沉舟」的由來。所謂的「釜」，就是煮飯用的大鍋子，「舟」，自然就是渡河用的船隻了；把釜打破，把舟弄沉，表示只能前進不能後退，不給自己留後路。這樣做的用意，是藉此向士兵表示，寧願戰死也不走回頭路了。後來的人也用它來表達一個人下定決心、義無反顧的心情，這句成語很有氣勢吧！

　　項羽率領軍隊渡河之後，前面是氣焰囂張的秦軍，後面則是波濤洶湧的河水，全軍上下都明白，只有往前打敗強敵，才是唯

一的出路。項羽利用這個方法，果然讓楚軍士氣高昂、鬥志旺盛。

楚軍以迅雷不及掩耳的速度包圍秦軍，與秦軍大戰九回合，每場戰爭都得到勝利，《史記》中記載：「楚戰士無不一以當十。」就是說參加戰役的楚軍相當英勇，一個楚國的士兵能抵擋十個秦朝的士兵呢！

《史記》中還寫過這麼一段話：「諸侯軍救鉅鹿下者十餘壁，莫敢縱兵，及楚擊秦，諸將皆從壁上觀。」其實早在項羽進攻秦軍之前，已經有十幾路諸侯軍相繼抵達鉅鹿城，想援救趙國，可是他們害怕秦軍的威力，所以在城外屯兵不敢出戰。當楚軍進攻秦軍的時候，這些諸侯軍仍然沒有出戰，只是遠遠站在自己的營壘上觀戰，看著楚軍勇猛善戰的樣子，嚇得冒出一身冷汗，也暗自

佩服項羽的英勇。

　　一連九次激烈的戰鬥之後，項羽終於打敗秦軍，殺死秦將蘇角，俘虜了另一個將領王離，還有一個叫涉間的將領因為不肯投降，跳到火堆裡自焚死了。被秦軍圍困三個月之久的趙軍終於得救了，趙王歇和宰相張耳平安出城，楚軍得到空前的勝利。

　　鉅鹿之戰讓楚軍聲名大噪，項羽也威震中原，在反秦義軍中享有崇高的威望，大家都很敬畏他的膽識。戰爭結束之後，項羽召集各路援軍的將領，那些人接到請柬後不知道是福是禍，坐立不安，可是又不敢不去。當他們走進營區大門時渾身發抖，全都跪倒在地，低著頭用膝蓋匍匐前進，根本就不敢抬頭看項羽，只能趴在地上任憑項羽處置。項羽也沒有為難他們，只是意氣風發的提出聯合各國對抗秦軍的策

略，諸侯們連忙說好，並共同推舉項羽為聯軍的總指揮。

項羽消滅包圍鉅鹿城的秦軍之後，將軍隊駐紮在漳河南岸，矛頭直接指向有不共戴天之仇的秦將章邯。章邯因為近來戰績不佳，對項羽已經有幾分恐懼，雖然他手下還有二十萬大軍，卻不敢輕舉妄動，只能暫時駐兵在鉅鹿西南方的棘原，雙方的軍隊僵持了好幾個月。

鉅鹿之戰失敗的消息傳回咸陽，秦二世立刻派使者痛罵章邯一頓，將失敗的責任都推到他身上，嚇得章邯冒出一身冷汗。章邯為了自保，派司馬欣專程回咸陽請罪，打算向秦二世報告鉅鹿之戰的真實狀況。沒想到，昏庸懦弱的秦二世整天沉浸在酒色當中，只顧著享樂，實際執掌大權的是宰相趙高。司馬欣回到京城之後，趙高拒絕跟他見面，司馬

欣知道事情不妙，迅速回到軍營中跟章邯報告這個情況。章邯發現自己現在進退兩難，不但很難再打勝仗，打輸了回到咸陽還可能會被處死。章邯也擔心遭到宰相趙高的陷害，經過一整夜的思考之後，他決定率領司馬欣、董翳等人，以及全部的軍隊向項羽投降。

　　章邯打算投降的消息很快就傳到項羽的耳中。一提到章邯，項羽簡直是怒火中燒，恨不得將他碎屍萬段，但是他也考量到楚軍現在糧食不足，士兵的體力透支，也很難再支持下去，如果能接受章邯的投降是最好的方法。項羽跟部將商量之後，獲得大多數人的同意，於是他讓章邯派出的使者回去報信，表示願意接受章邯的投降。項羽不記舊恨，章邯投降之後不但毫髮無傷，還被封為「雍王」，章邯的部下司馬

欣改任為將軍，統帥投降的二十萬秦兵。

　　一切看起來都非常的順利，項羽獲得這批秦國的降兵，可說是如虎添翼，聲勢更加壯大。只可惜，雖然項羽非常的驍勇善戰，但還是有他的缺點，因為項羽帶領的軍隊曾經受到秦軍的虐待，二十餘萬秦國士兵投降之後，諸侯軍便常常藉機報復，把秦軍當作奴隸一樣使喚，讓秦軍感到相當的羞辱，私底下有很多不滿。幾位將領發現這個現象，立刻加油添醋的向項羽報告，項羽聽了之後覺得很不安，馬上找來心腹大將黥布和蒲將軍商量對策。黥布和蒲將軍認為秦國的降兵心裡很不滿，要是回到秦朝的地盤之後，反過來報復就糟糕了，為了預防這樣的事情發生，於是建議項羽把這二十萬的降兵給活埋，項羽為了避免夜長夢

多，也同意這麼做了。

回頭來看看劉邦這支軍隊的進展。

由於秦軍的主力軍隊先被項羽的軍隊牽引，後被項羽消滅，讓劉邦進攻咸陽少了很多阻礙。劉邦的軍隊自彭城出發後，一路上勢如破竹，沒多久就占領了陳留。西元前 206 年 3 月，劉邦以陳留為基地，繼續向前推進，同一時間，他也得到一個重要的謀士張良，張良對劉邦往後的發展有很大的影響。

當劉邦的軍隊進攻南陽的時候，南陽郡守公開表示願意投降，劉邦進城時，特別約束軍隊的紀律，所過之處並不濫殺無辜，其他地方的守將見到這個情形也紛紛投降。從此之後，劉邦聲威大震，與殘殺人民的秦軍，以及暴虐無比的楚軍形成強烈的對比，劉邦因此很得到人民的擁

護。

　　劉邦和項羽這兩支軍隊持續向關中挺進，宰相趙高知道已經不能再隱瞞下去了，但他害怕秦二世知道事情的真相之後會對自己不利，於是乾脆先發制人，與女婿咸陽令閻樂、弟弟郎中趙成合謀要殺死秦二世。秦二世這時才如夢初醒，但是一切都來不及了，他可憐兮兮的哀求趙高放他一條生路，但是被趙高拒絕了。最後，秦二世被逼自殺，趙高則按照事先的計畫，立扶蘇的兒子子嬰為皇帝。但是繼任的皇帝子嬰可不是個呆子，他知道趙高擁立他為皇帝只是權宜之計，最後他還是逃不過殺身之禍，於是子嬰在舉行登基儀式那天，趁著趙高到家中接他去宗廟的時候，將趙高刺殺，還把他的屍體丟在咸陽街上，趙高的死狀相當的悽慘，這就是亂臣賊子的下場。

　　西元前 206 年 10 月，劉邦的
軍隊到達霸上，距離咸陽只剩下
一百公里遠，劉邦向秦王子嬰發
出最後的通牒，要求他立即投
降。子嬰知道大勢已去，便下令
護衛的秦兵停止無謂的抵抗，自
己坐著白馬拉的喪車，打扮成俘
虜的樣子，捧著象徵皇帝權力的
印信到劉邦陣前投降。歷史上，
把子嬰投降，劉邦進入咸陽城這
天，作為秦朝滅亡的日子，秦始
皇建立的大一統王朝，只持續十
五年，就被推翻了。

　　劉邦跟他的軍隊威風八面的
進入了咸陽城，這些士兵們大多
出身於貧苦人家，不曾見過這麼
金碧輝煌的宮殿建築，豪華的布
置讓他們眼花撩亂，劉邦本人當
然非常興奮，迫不及待的直奔皇
宮，將士們也紛紛搜找財寶，想
要趁機大撈一筆。謀士樊噲看到
情形不對，連忙勸劉邦為大局著

想，回到霸上共商大計。劉邦聽了樊噲的勸告，認為他說得沒錯，連忙放下一堆令人目不暇給的金銀財寶和如花美女，命令將士們將宮殿的倉庫封好，立刻退出咸陽城。

那年11月，劉邦召集關中各地的父老豪傑，告訴他們說：「我跟諸侯們與楚懷王約定，誰先進入關中，誰就是關中王。按照盟約，關中應該由我管轄。我今天跟諸位父老們鄭重宣布，從今天開始，廢除秦朝一切嚴苛的法令，重新約法三章：第一、殺人償命；第二、打傷人者，視情節輕重處罰；第三、偷竊他人財產者，一律治罪。從現在開始，我們不翻舊帳，也不會濫殺無辜，以前當官的繼續當官，但是必須改邪歸正。我們起義的用意是為了消滅秦朝的暴政，不是要來害你們的。請大家告訴大家，盡可

以安心生活不用恐慌。我說的句句是真話，絕不食言。我們的軍隊暫時會回到霸上，等到各路諸侯軍來的時候，再做下一步的打算。」這場約定就是歷史上有名的「約法三章」。

咸陽當地的居民原本很擔心劉邦的軍隊進入咸陽之後，會大開殺戒，或燒殺擄掠，每個人心中都很恐懼。在他們聽到劉邦的宣告之後，大家都鬆了一口氣。當劉邦命令手下到各地方貼告示、宣傳新法的時候，還受到鄉親們熱烈的歡迎，地方百姓甚至殺牛宰羊提酒來犒賞劉邦的軍隊。但是劉邦不允許將士們接受百姓的饋贈，讓百姓們更加感動，恨不得劉邦立刻在關中稱王。

當劉邦進入關中，穩定咸陽城秩序的時候，項羽正一路朝著咸陽前進。11月中旬，項羽的軍

隊抵達函谷關，打算進入關中，卻被士兵阻擋而無法入關，這種感覺就像明明已經到家門口了，卻無法踏進家門一樣，讓項羽覺得很不痛快。這時候，項羽得知守關的將士不是秦軍，而是劉邦的部下，又聽說劉邦的軍隊已經早他一步攻進咸陽城，氣得項羽暴跳如雷，立刻派黥布率領軍隊攻打函谷關，準備一舉攻進關中。

鴻門宴劉

　　項羽離開函谷關，率領軍隊進駐鴻門，在那裡整頓軍隊準備攻打劉邦。

　　當兩批人馬互相對峙的時候，劉邦有個左司馬叫做曹無傷，他被項羽軍隊的氣勢嚇到了，心想項羽的兵力這麼強大，劉邦一定不是他的對手，為了自己的榮華富貴，曹無傷派人偷偷跟項羽告密說：「沛公想在關中稱王，已經承諾讓秦的降王子嬰當宰相，其他的將領也都分封好了，他還查封了宮殿裡所有的金銀珠寶，打算全部占為己有呢！」

　　單純的項羽聽了，果然信以為真，一氣之下立刻想出兵與劉邦一較高下。這時候，項羽身邊的謀士范增也勸他說：「劉邦本來就是個貪財好色的小人，進關以

後卻一反常態，不但大批的金銀財寶不屑一顧，貌美如花的美女也沒看在眼裡，看來他的野心不小。前幾天，我派人去觀察天象，發現劉邦的營區上空充滿五彩雲氣，這分明就是天子之氣，大王一定要盡早除掉他，不然後患無窮啊！」

項羽聽了曹無傷和范增的話之後，認為必須趁早跟劉邦有個了斷，立刻下令準備出戰，讓所有的士兵們飽餐一頓，打算隔天早上就向劉邦進攻。這時候項羽有四十萬大軍，劉邦只有十萬人馬，兩邊的實力相差懸殊，局勢對劉邦很不利。

話說項羽另外有個叔叔叫做項伯，跟劉邦的謀士張良是好朋友，張良還對項伯有過救命之恩。項伯這個人很重義氣，他知道項羽明天就要發兵攻打劉邦，便連夜趕到劉邦的軍營，想勸張

良跟他一起逃走，不要留下來等死。張良也是個重情義的人，他覺得劉邦現在正需要他，他不能不顧道義的逃走。張良跟項伯說：「我是奉韓王的命令到沛公這邊幫忙的，現在沛公有難，如果我忘恩負義私自逃走，別說以後的人會怎麼恥笑我，我自己的良心也受不了這種譴責啊！我必須把這個消息告訴沛公。」說完，張良就帶項伯去向劉邦報告這件事。

劉邦聽到這個消息之後相當震驚，為了化解危機，他聽從張良的建議，放下身段大擺酒席，熱情的款待項伯，並與項伯以兄弟相稱，約好將來的子女要結為親家，對他必恭必敬，希望項伯能夠從中調解，讓整件事情大事化小，小事化無。劉邦假意的對項伯說：「我入關之後，沒有擅自動用任何財物，只想整理好官員

和人民的戶籍，把國庫嚴密封存，真心的等待項將軍到來。項將軍怎麼說我反他呢？我之所以派兵鎮守函谷關，是為了防備盜賊出入，絕對沒有跟項將軍為敵的意思，我天天盼望著項將軍的到來，怎麼會與他作對呢？我請求您回去轉告項將軍，我劉邦絕對不是那種背信忘義的小人！」

　　項伯聽了劉邦的話，感動得不得了，心想劉邦絕對不會騙他，因此答應劉邦，為他到項羽那裡說說好話。臨別前，項伯一再叮嚀劉邦，第二天早上務必要親自來拜會項羽，把誤會解釋清楚。項伯連夜回到鴻門，將劉邦的話轉告項羽，同時也為劉邦說情：「如果不是沛公先平定關中，你怎麼能夠輕易入關呢？人家立了大功，你卻要去攻打人家，這是違反道義的，倒不如趁明天他來謝罪的機會，好好款待他。」項

羽聽了項伯的話之後，衡量目前敵我雙方的局勢，心想如果明天立刻開戰的話，也沒有把握會打贏，於是答應項伯，先在鴻門與劉邦會面，聽聽他的解釋再說。

　　第二天一早，劉邦與張良、樊噲等人，率領百餘騎兵到鴻門會見項羽。項羽剛見到劉邦的時候，並沒有給他好臉色看，還追問他說：「劉邦，你知罪嗎？」劉邦看著項羽威風的樣子，雖然很心虛，但還是強做鎮定的說：「項將軍此話怎講？我劉邦與您相處多年，您還不了解我嗎？當初我們在項梁將軍手下並肩作戰，可以說是情同手足。只是分兵以後您打河北，我攻河南，一時聯繫不上，就連我自己也沒想到我會先攻進關中呢。實際上，這都是您的功勞啊！如果不是您先滅掉秦的主力部隊，恐怕我劉邦的腦袋掉在哪裡都不知道呢！雖然先進

入關中的是我，但我入關之後，沒有動任何手腳就退回霸上，一心一意等待將軍入關，全權交給您處理。老天可以作證，我劉邦對您絕無二心啊！我聽說有小人從中挑撥，想要破壞我們之間的關係，讓我們自相殘殺，那些人實在是居心叵測，請將軍您明察啊！」劉邦是個老謀深算的人，一番話講得聲淚俱下，好像很誠懇的樣子，單純的項羽哪裡了解，被劉邦這麼一稱讚，不禁感到有些得意，忍不住說出那是劉邦的手下曹無傷放出來的消息。

劉邦見項羽似乎相信他了，繼續抓住機會加油添醋痛斥小人，趁機吹捧項羽，把項羽哄得心花怒放。項羽越聽心情越好，漸漸露出笑容，氣氛也和緩下來。項羽個性天真，聽了劉邦幾句甜言蜜語後，就把心中的怨恨和不滿通通拋到腦後，相信劉邦

的真心了。

看著和談的氣氛還不錯，項羽就邀請劉邦留下來暢飲一番，並下令手下準備酒席。劉邦本來不願意久留，生怕露出馬腳，或是出現什麼意外而丟掉老命，但是他知道項羽的牛脾氣，當下不敢推辭，只好壯著膽子、耐著性子答應了。按照酒桌上的禮節，項羽和項伯坐西向東，這是尊位，也就是主位；范增次之，坐北向南；劉邦坐南向北，是部下臣僚的位子；張良坐東向西，這是最卑下的位子。項羽和項伯面對張良，劉邦面對范增，就這樣賓主各就各位。

席間最興奮的就屬項羽了，幾杯黃湯下肚之後語氣更高亢，滔滔不絕的講個沒完，一直跟劉邦、張良勸酒暢飲，好像他們之間沒有發生過什麼摩擦一樣。范增看到這情形，心裡實在是著急

得不得了了。他覺得今天是把劉邦殺掉的絕佳機會，如果錯過的話，將來一定會後悔。但是項羽怎麼遲遲沒有行動呢？范增不斷的向項羽使眼色，還三次舉起自己的玉玦打暗號，要項羽盡快行動，可是項羽卻無動於衷，只顧著談笑飲酒，好像沒看到一樣。

范增看項羽沒有回應，於是到外面把項羽的堂弟項莊叫進來，對他說：「項王這個人容易心軟，不忍心下手。待會兒你可以進去敬酒，敬完酒後假裝舞劍助興，乘機刺殺劉邦，如果不這麼做的話，等到劉邦的勢力越來越大，將來我們都要變成他的俘虜了。」

項莊聽了之後，就進入宴席舉杯敬酒，敬完酒後，項莊請求項羽准許他舞劍為樂，項羽同意了。項莊立刻拔出寶劍翩翩起舞，轉來轉去始終不離劉邦左

右，而且劍尖總是指向劉邦，項伯看出項莊的企圖，也隨即拔劍與他對舞，同時用身體阻擋項莊的劍，讓他無法攻擊劉邦。張良見到情形不對，連忙趁機離席到軍營外找樊噲。樊噲人在外面不知道裡面的狀況，內心正焦急的時候，一聽到張良說劉邦現在身處險境，氣得馬上帶著寶劍和盾牌強行闖進酒席，並張大眼睛瞪著項羽，看起來好像頭髮都要豎起來，眼眶都要裂開了似的。

項羽突然見到一個威風凜凜的人走進來，驚奇的問說：「這個人是誰？」張良在旁邊替樊噲回答說：「這是沛公的護衛，名叫樊噲。」項羽見到樊噲身披斗篷，十分威武的樣子，不禁稱讚他一聲：「壯士！」當場吩咐身邊的人賞給樊噲一杯酒。樊噲接過酒後豪邁的一飲而盡，項羽又賜給他一隻豬前腿，樊噲把豬前腿放在盾

牌上，直接用劍切開大口大口的吃起來。項羽最欣賞這種粗獷豪邁的英雄人物，於是很高興的跟樊噲說：「真不愧是壯士好漢！要不要再來一杯呢？」樊噲又擺出一副天不怕地不怕的樣子說：「我連死都不怕了，難道還會怕喝酒嗎？」接著，樊噲義正辭嚴的責備項羽說：「秦王就像虎狼一樣的凶惡殘暴，所以天下的人都起來反抗他。當初楚懷王跟大家約定，誰先進入關中，便可做關中王，沛公雖然先進入關中，但並沒有立刻自立為王，而是退軍到霸上等待將軍的到來，派軍守關是為了防止意外發生，並沒有要阻擋您的意思啊！沛公這樣勞苦功高，大王不僅沒有封賞他，反而聽信小人的話想殺害有功勞的人，您這樣做，不就跟被滅掉的秦朝一樣嗎？我認為將軍不應該這樣！這樣做是不對的！」

　　項羽聽了樊噲這番理直氣壯的話，一時之間竟然無法反駁，愣了一會兒才跟樊噲說：「請坐。」示意他坐到酒席上來與大夥共飲。樊噲也不推辭，撿起盾牌，大大方方的坐在張良旁邊與大家一塊用餐。過了一會兒，劉邦藉口要去上廁所離開座位，並且要張良、樊噲跟他一起出去。原來是因為劉邦覺得繼續留下來實在危險，打算回營，但又覺得沒有跟項羽辭行，好像有些不妥，心裡猶豫不決。樊噲大力的反對要向項王辭行，他跟劉邦說，現在的情況是「人為刀俎，我為魚肉」，項羽那方已經擺好了砧板和菜刀，劉邦他們就像是等著被切的魚和肉一樣，隨時都會被殺掉，兩方的形勢有明顯的差距，如果劉邦不趁這個機會趕緊逃走，難道要等人家來宰殺嗎？劉邦認為樊噲的話很有道理，於是

帶著他和夏侯嬰、靳彊、紀信等將領連忙逃走。臨走前，劉邦吩咐張良把帶來的一對白璧送給項羽，一對玉斗送給范增，就當作是禮物，然後頭也不回的走了，只留下張良獨自一人面對項羽。

　　過了一段時間，張良估計劉邦已經走遠了，才慢條斯理的回到酒席，獻上劉邦準備的禮物，假裝誠懇的跟項羽說：「沛公今天跟將軍喝得很痛快，但是他酒量不好已經醉了，不能親自來跟您告辭。他託我奉上這雙白璧獻給將軍，這對玉斗轉呈給亞父范增。」項羽這才知道劉邦已經不告而別了。他問張良說：「沛公到哪去了？」張良回答：「沛公聽說將軍有責備他的意思，心裡害怕，所以一個人先走了，現在已經回到霸上。」項羽聽了之後，把禮物收下放在桌上，並沒有什麼特殊的反應。反倒是身邊的范增，眼見

刺殺劉邦的計謀落空，心中十分懊惱，氣得拔出佩劍把玉斗擊個粉碎，同時嘆了一口氣說：「哎，實在是不能跟項莊這個蠢才一起共事啊，將來奪取項王天下的一定是沛公，我們這些人以後要變成他的俘虜了！」

這場驚心動魄的酒宴，就是歷史上有名的「鴻門宴」。項羽在這個事件中太相信劉邦，缺乏當機立斷的能力，讓刺殺劉邦的計畫失敗，埋下了日後敗死的伏筆；劉邦則因為巧妙的脫身，讓他有進一步發展的可能，一場高潮起伏的宴會，注定了楚、漢雙方日後不同的命運。「鴻門宴」一詞在後世被用來比喻「不懷好意的筵席」，席間發展的故事如「項莊舞劍，意在沛公」以及「人為刀俎，我為魚肉」等，也成為中國歷史上的名句。

5

自立為王

　　鴻門宴過後幾天，項羽率領幾十萬大軍浩浩蕩蕩的進入咸陽城。項羽軍隊的組成分子非常複雜，帶有多國聯軍的性質。這些將士們大多懷著亡國的仇恨，恨不得血洗咸陽城以消心頭之恨。進城之後，項羽不但縱容士兵屠殺無辜的百姓，處死秦降王子嬰和諸侯、貴族，搶劫大批的珍寶及良家婦女，又放火燒掉秦朝宮殿和官府。阿房宮是秦始皇時代就開始建造的宮殿，曾耗費大批民力和金錢，而以它為中心的數百座樓臺殿閣，都在這場大火中化為灰燼，這把燒了三個多月的大火，使得咸陽城變成一片廢墟。

　　經過一陣燒殺擄掠後，項羽決定帶著搜刮來的金銀財寶和美

女回到彭城，準備好好享受安穩的日子。這時候，有個叫做韓生的人跟項羽建議說：「關中這裡地勢險要，土壤十分肥沃，如果可以在這裡定都的話，就可以稱霸天下。」這是一個很有遠見的建議，因為關中地區不僅土地肥沃物產豐富，四面還有天險可守，進可以往東爭奪天下，退可以閉關稱王，的確是建都的理想地點。

項羽看了看這殘破不堪的咸陽城，實在是沒什麼興趣，他很懷念久別的故鄉，想要快點回去。因此他跟韓生說：「好不容易富貴了，如果還不能回到家鄉的話，就好像穿著豪華的衣服走在夜裡一樣，誰也看不到啊！我是一定要回家的。」項羽斷然的拒絕韓生的建議，讓韓生感到十分惋惜，只好轉頭離開，他私下忍不住對人說：「我聽說楚人不過是一

隻戴著帽子的猴子，果然是一點都不錯。」項羽是楚人，韓生就是在諷刺項羽是個眼光短淺的人，項羽知道後，相當的憤怒，馬上叫手下將韓生燒死了。

當大火還在咸陽城熊熊燃燒的時候，項羽就開始按照自己的想法論功行賞。他先派人徵詢楚懷王對地盤和權力分配的意見，沒想到楚懷王卻回答說：「就按照原來約定的那樣子就好了。」意思就是要項羽遵守「先入關中的人就當關中王」的約定，項羽對這樣的結果很不能接受。原本項羽就對楚懷王沒有派他西進關中，讓他失去先進關中的機會十分的不滿，現在又要他遵守原來的約定，讓他更加惱怒。

項羽氣呼呼的對部屬說：「楚懷王算老幾？立他的是我們項家，他一點功勞也沒有，有什麼資格主持盟約？這三年多來，奮

勇作戰馳騁沙場，最後滅秦定天下，靠的都是各位將軍和我項羽的力量，照道理來說，應該是我論功行賞，分封諸侯，根本輪不到他出意見，你們說是不是？」項羽的將領們見到有利可圖，也高聲附和他的說法，項羽受到激勵，於是決定自己作主，分封諸侯，瓜分天下。

項羽的目標非常明確，只要能夠在楚國的故地稱王，當個楚王就心滿意足了。於是他自立為西楚霸王，將原來的楚國、魏國大部分的地區劃為封地，建都彭城。看到這裡，你是不是想問，為什麼項羽不直接叫做楚霸王，而要加個「西」字呢？這是因為楚國的故地習慣上分為西楚、東楚和南楚三大地區，項羽的勢力範圍屬於西楚。再說，現在上頭還有個楚懷王在呢！不管楚懷王有沒有實權，他的存在總是個事

實。雖然如此，項羽還是擁有最多土地的諸侯，一個「霸」字，顯示出他崇高的盟主地位。

項羽最怕劉邦跟他爭奪天下，但是他既不想給劉邦關中的土地，又不願背上違背與楚懷王約定的惡名；最後，他跟范增想到一個解決的方法，就是廣義的解釋關中的地理範圍。一般來說，關中指的是以咸陽為中心，即現今的陝西省地區，但如果廣義界定的話，也可以指涉包括關中在內，一直延伸到四川重慶的巴地，以及成都地區的蜀地一帶。按照這樣的解釋，如果封劉邦為漢王，讓他擁有巴、蜀及秦嶺以南的漢中這些地方，以南鄭為都城，就符合了讓他當「關中之王」的約定，但實際上卻是把劉邦趕到偏遠的西南地區。項羽和范增認為，巴蜀與關中之間道路險阻，是秦朝流放罪犯的地

方，漢中與關中之間又橫亙著南山，如果把劉邦困在這裡，他就沒辦法與自己爭奪天下了。

為了防範劉邦，項羽還把關中一分為三，分給三個投降的秦將：封章邯為雍王，據咸陽以西，定都廢丘；封司馬欣為塞王，據咸陽以東至黃河沿岸，定都櫟陽；封董翳為翟王，據陝北地區，定都上郡。項羽把這三個人分封在關中地區是經過詳細考慮的，他們可以擋在關中，成為劉邦東進的障礙。項羽擴大分封諸侯，零零總總加起來，連他自己在內，總共分封了十九個諸侯王。

對項羽來說，任憑自己的意思來分封諸侯雖然讓他稱心如意，但是還有一個擺在眼前的問題，讓人不得不正視他的存在，那就是空有虛名而無實權的楚懷王。

　　項羽尊楚懷王為義帝，名義上義帝的地位在項羽之上，但是義帝的存在對項羽來說是一種阻礙。項羽對義帝讓劉邦攻進咸陽一直耿耿於懷，項羽認為他必須讓義帝明白，誰才是整個中原實際的統治者。所以等他一回到彭城，馬上派人跟義帝說：「自古以來，帝王的都城都是在河的上游，居高臨下才能顯示地位的尊貴。」他極力勸義帝遷都到郴縣。義帝又不是呆子，他知道以前得罪了項羽，現在才會遭到他的報復。雖然項羽的理由說得冠冕堂皇，但實際上就是要把義帝放逐到荒涼的長沙地區。無奈的義帝被項羽的威勢所迫，只好同意搬到郴縣，但是義帝身邊的大臣不願意跟他走，反而鼓勵他抗拒項羽。項羽正愁找不到藉口修理義帝，這回總算讓他逮到這個小辮子，於是派人把義帝殺害了。

西元前 205 年 4 月，項羽分封完畢之後，下令諸侯們各自往分封的地區就任，自己也帶著在咸陽搶奪到的金銀珠寶和美女返回彭城，準備好好的享樂一番。但是他還是免不了想修理一下那些曾經對不起他的人。我們剛剛提過，項羽一回到西楚，就派人把義帝趕出彭城，強迫他遷往郴縣，又命令九江王黥布在路上殺了義帝，這是第一椿。項羽打天下的時候，韓王成沒有追隨他，等項羽分封諸侯的時候，韓王成卻跑出來領賞。更過分的是，韓王成還派臣子張良去幫助劉邦，因此項羽對韓王成討厭得不得了。分封諸侯的時候，項羽雖然沒有取消韓王的稱號，卻不讓他回到韓國都城，反而把他帶在身邊嚴加看管。等回到彭城，項羽就把韓王成貶為侯，韓王成相當的不高興，到處跟人家發牢騷，

說項羽的壞話，項羽一氣之下就把韓王成殺了，這是第二樁。

另外，項羽分封諸侯，雖然獎賞了滅秦有功的人，卻產生很多弊端。項羽隨心所欲的按照自己喜好分封，不僅沒有滿足大多數人的期盼，反而加深了他與諸侯之間的裂痕。人的慾望是永無止盡的，諸侯們對項羽的分封當然不會滿足，難免會因為搶地盤爭奪不休。剛開始項羽不把這些諸侯的叛變當一回事，他過分高估了自己的威望和實力，低估了這些諸侯們的力量。沒想到分封完不久，諸侯之間就發生了激烈的爭鬥，把整個中原搞得烏煙瘴氣。

新封為燕王的臧荼到燕地後，原來的燕王韓廣不服氣，不肯遷到遼東的新封地，反而賴在原地不走，兩人首先發生衝突。臧荼殺了韓廣之後，不僅占領了

燕地，還順手把遼東也劃進自己的勢力範圍。類似的狀況不斷的發生，因此項羽剛回到彭城，各諸侯國就陷入一片混戰，大家都不願意遵守項羽劃定的疆界，甚至還有諸侯國公然對他挑釁，擾得項羽不得安寧。為了維持自己霸主的地位，項羽不得不到處東征西討，中原又再度陷入分裂、割據的狀態。更令人擔憂的是，蟄伏在西南的劉邦，趁著中原混亂的時候，居然神不知鬼不覺的回到關中，對項羽造成莫大的威脅。

按照「先進關中者為王」的約定，劉邦本來應該被封為關中王，項羽卻把關中封給秦的三個降將，把劉邦封為漢王，將他趕到偏遠的漢中和巴、蜀，原本統帥的十萬大軍也被削減為三萬人。劉邦對這樣不公平的待遇很生氣，原本想對項羽開戰，但是

蕭何勸阻了他。蕭何仔細替劉邦分析目前的局勢，認為現在的形勢對劉邦不利，唯一的方法就是先忍耐，累積實力，等待時機東山再起。蕭何給劉邦想了一個策略，他建議劉邦暫時進入漢中，安撫人心，招攬人才，先將巴蜀好好治理以作為根據地，再等待統一天下的機會。

於是劉邦帶領三萬名士兵向漢中出發。謀士張良先返回韓地，打算利用各種關係為劉邦爭取同盟。張良臨走之前，向劉邦建議燒毀漢中通往關中的棧道，一方面防止諸侯們進攻，同時可向天下表明，自己無意進取關中，以消除項羽的顧慮，劉邦也採行了。

劉邦帶領軍隊進入漢中之後，開始展開整頓的工作。劉邦任用蕭何為丞相，委以治國的重任。蕭何擁有前朝全部的法律文

書，因此對所有諸侯國各地的戶口、稅收、土地以及山川、河流等基本形勢相當了解。他擔任丞相之後專心經營，把巴蜀治理得有條有理，又推薦出身卑微且其貌不揚的韓信給劉邦。韓信原本在項羽旗下，因為沒有受到重用而改投靠劉邦，但劉邦還是沒有重用他，於是韓信又打算離開了。當他離開劉邦軍隊的消息傳來，蕭何連夜將他追了回來，並對劉邦大力推薦他，劉邦接見韓信，問他有何妙計，韓信做了精采的回答。

　　韓信說:「霸王項羽表面上雖然強大，實際上他是有缺點的，霸王非常勇猛，但是卻不會任用人才，這只是匹夫之勇。他待人恭敬慈愛，遇到大事卻賞罰不明。他自稱霸王，卻不占據舉足輕重的關中地區，而是建都在偏僻的彭城，看起來就是沒有遠

見。他違反與義帝的約定，按照自己的喜好分封諸侯，讓諸侯很生氣。他驅逐且殺害義帝，焚城劫奪，殺死降兵，天下怨聲載道，百姓都不擁戴他。就是因為項羽已經失去民心，現在雖然看起來很強大，但是只要大王您採取與他相反的方針，寬厚待人，獲取民心，一定可以打敗他。」

接著，韓信也提出了爭奪天下的戰略：「漢軍如果要東進，首先要奪取關中，有關中作基礎才可以與西楚霸王爭奪天下。鎮守關中的三秦都是秦朝的降將，殺人無數，關中百姓對他們簡直是恨之入骨。只要漢軍出動，關中人民就會響應，取得關中不是問題。當初大王您入關時，軍紀嚴整，又廢除秦朝的苛政，所以很得民心，關中的老百姓到今天都還抱怨您為什麼沒有做關中王。再加上漢軍將士大多是東方人，

他們思念家鄉，想要回去，如果依靠他們東進爭奪天下，一定沒有問題的。」劉邦聽了韓信一針見血的分析非常的高興，全盤採用他的計謀，對他頗有相見恨晚的感覺。

想稱霸天下成就事業，本人不僅必須是個傑出的人物，更重要的是要具備識別人才的眼光，還有將重任委以人才的氣魄。爭奪天下，其實也就是看個人怎樣匯集人才，怎樣使人才發揮作用；相反的，無論多優秀的人才，如果不能使他們充分發揮才能，就無法看出他們真正的價值。韓信幸運的得到劉邦的信任，從此之後，劉邦文依蕭何，武靠韓信，積極展開進兵中原的計畫。

韓信被任命為大將軍後，立刻升帳閱兵，莊嚴誓師，頒布軍紀軍令，嚴格整治軍隊，準備回

師關中。當時出關的棧道已經燒得蕩然無存，劉邦問韓信該怎麼辦，韓信想了一個絕妙的計謀，那就是歷史上有名的「明修棧道，暗渡陳倉」。韓信用的是調虎離山之計，他要劉邦派幾百個士兵假裝去修理棧道，藉此來混淆章邯；另一方面，他自己則和劉邦率領軍隊從故道陳倉潛入關中。

　　當劉邦持續向東方推進時，項羽的軍隊還在東征西討。剛剛談到，許多諸侯覺得項羽分封天下不公，有些人便起來反抗他，齊王田榮也是其中之一。西元前205 年 6 月，他自立為齊王，項羽明顯感受到威脅，便將軍隊開進城陽討伐他。田榮被項羽打得落花流水，帶領數百人退到平原，田榮強迫當地百姓捐獻糧食讓他打仗，卻被憤怒的百姓殺死。項羽改封田假為新齊王，自

己率領軍隊繼續北上，但是楚軍的紀律敗壞，沿途燒殺擄掠，活埋投降的田榮士兵，搶劫財寶美女，囚禁老弱婦孺，激起百姓們的反抗。齊地的百姓不承認項羽新立的齊王田假，反而擁戴田榮的弟弟田橫。田橫聚集了幾萬人馬，在城陽高舉反抗項羽的大旗，率領百姓拼命抵抗楚軍，中原又重啟戰火。

當項羽焦頭爛額的時候，西元前 205 年 8 月，劉邦聽從韓信的建議，趁著中原大亂的時候出兵攻擊章邯。當章邯聽到探子報告說，劉邦的軍隊在修理棧道，原本還捧腹大笑了一番，因為要修好棧道談何容易，他可以好整以暇的等待他們。沒想到幾天之後又有人來報告，說劉邦的軍隊已經開到陳倉了，突如其來的消息讓章邯十分錯愕。

章邯不敢大意，迅速率領軍

隊到陳倉應戰，但沒多久就兵敗逃跑了，劉邦輕鬆的占領雍地回到咸陽。劉邦在關中接連獲得勝利，繼續向東邊拓展，司馬欣、董翳這些人看到劉邦來勢洶洶，不敢抗拒，紛紛投降。很快的，劉邦便占據了整個關中地區，項羽最擔心的事情發生了。

6

楚漢戰爭

　　項羽聽到劉邦回到關中的消息後相當驚訝，可是當時他正在攻打齊國，不能立刻回師，就這樣給了劉邦可趁之機。劉邦在韓信的策劃之下，只花了一個月就攻下了整個關中，並率領軍隊繼續往東前進，想趁著項羽攻打齊國的時候，直搗他的老巢彭城。那時劉邦的軍隊有五十六萬人之多，而彭城因項羽率領楚軍的主力部隊攻打齊國的緣故，內部頗為空虛。也因此，彭城面對劉邦軍隊的進攻幾乎毫無招架之力。漢軍將彭城城門衝開，如潮水般湧入，在城內燒殺擄掠，楚軍死傷慘重。這時有一個機敏的楚兵趁亂逃出彭城，火速通知項羽這個壞消息。

　　項羽原本打算親自攻下城

陽，藉機樹立威信，沒想到卻接到這項緊急情報，項羽當機立斷，留下幾位將領和少數兵力繼續圍攻城陽，自己則帶領三萬精兵火速返回彭城。

這時候的劉邦得意得不得了，他沒想到這麼簡單就攻下彭城，便以為項羽已經山窮水盡了，於是劉邦把項羽從咸陽帶回來的財寶、美女占為己有，在彭城過著奢華享樂的日子。

不久之後，項羽率領軍隊回到彭城，迅雷不及掩耳的向漢軍發動攻擊，沉溺在勝利喜悅中的漢軍，幾乎沒有招架之力，被打得落花流水，四處逃竄。楚軍為了報復都城失陷的恥辱和漢軍的惡行，對漢軍展開無情的追殺，漢軍走投無路，被逼到穀水和泗水邊，十多萬的漢軍被淹死，剩下的人逃到山區內，又遭到楚軍不停的追趕，一直被追到靈壁境

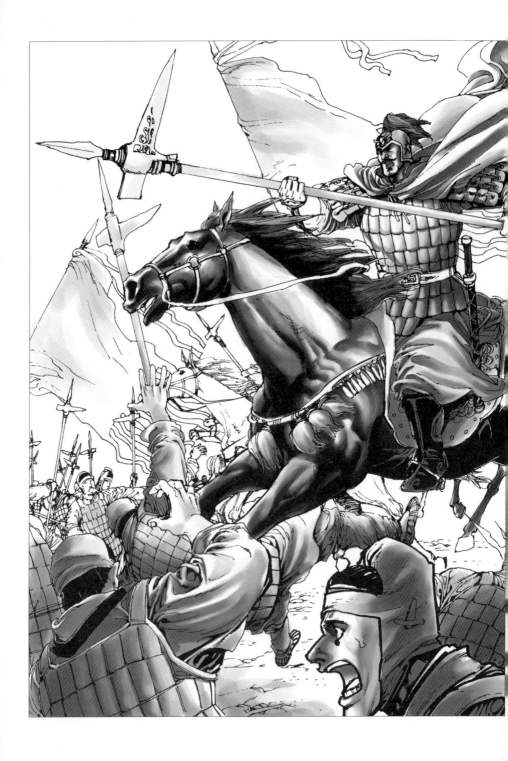

內的睢水北岸。這時候，漢軍的鬥志已經完全瓦解了，楚國的騎兵揮舞大刀長矛，猛砍狂殺，將剩下的十多萬漢軍全部逼入睢水，淹死的士兵不計其數，多到連睢水都流不動了。

項羽打算把漢軍重重包圍，再把圈子逐漸縮小，採取圍而不擊的策略，讓劉邦和殘餘的軍隊活活困死。就在劉邦幾乎無計可施的時候，西北方突然颳起猛烈的大風，風勢越來越猛，狂風折斷樹枝，吹掉住家的屋頂，在風口上的楚軍頓時亂成一團。劉邦乘著混亂的時候，帶著十名騎兵突破包圍，向西北方逃走，總算僥倖保住了性命。

劉邦在逃亡的路上回到故鄉沛縣，想帶著家人往西邊撤退，但是項羽早就先劉邦一步，打算劫持劉邦的家人當人質，劉邦的父親和妻子兒女聽到這個消息之

後，連忙舉家遁逃。劉邦好不容易在路邊發現兒子劉盈和女兒魯元，把他們載到車上一起逃命。不一會兒，楚軍追了上來，情況相當危急，劉邦為了減輕重量，讓自己的車子跑快一點，居然三次將兒子和女兒推下車子去，每次都是將領夏侯嬰救起這兩個孩子。每當夏侯嬰救起這兩個孩子，總是遭到劉邦的斥責，認為這兩個小孩的重量會阻礙他們逃脫，但夏侯嬰還是堅持這麼做。雖然過程相當驚險，劉邦最後還是在楚兵的追趕下安全逃脫。劉邦的父親和妻子就沒有那麼幸運了，他們因為迷失方向，在半路遇到楚軍而被俘虜，項羽把兩人當作人質拘留在軍隊中。

彭城之戰再次證明了項羽超人的膽識和非凡的軍事才能，同時也大大的挫傷了漢軍的元氣，原本背叛項羽依附劉邦的諸侯

們，看到形勢不對，又見風轉舵投靠楚陣營，戰局的變化對項羽相當有利。

幾次殊死戰總算讓項羽看清楚劉邦的為人，更加確定他們之間勢不兩立的局面。項羽把握時機穩固後方，積極的儲備軍力，準備全面向劉邦開戰；另一邊的劉邦，他唯一的活路也是打敗項羽，雙方於是展開了一場龍爭虎鬥。

西元前 204 年 5 月，劉邦率領殘兵退守滎陽，打算捲土重來。滎陽位在黃河南邊，依山傍水，地勢奇特，也是通往關中必經的路口，戰略地位相當重要，自古以來就是兵家必爭之地。劉邦退到這裡之後，打算就地設防，對抗楚軍。劉邦明白他不能繼續向西邊退去，因為如果楚軍攻下滎陽，整個關中就有危險了，所以他趁項羽的主力部隊還

沒打來的時候，將滎陽築成一道防線。滎陽的西北方有一座敖山，秦代曾在那裡建有一個很大的糧倉，叫做敖倉，它是關中最大的糧食存放地，從江淮和山東運來的糧食都儲藏在這裡，現在成為漢軍重要的軍糧供應地。劉邦為了保住敖倉，不惜派重兵把守，還在滎陽和敖倉之間修築一條通道，通道兩邊有高牆屏障，防止楚軍進攻，讓軍糧可以源源不絕的從敖倉運送到滎陽。

　　另一方面，項羽聽從范增的建議，也派鍾離眛率領軍隊強力進攻這條通道，好斷絕漢軍的糧食來源。楚軍輪流進攻，攻破通道好幾個地方，雖然通道一被打破漢軍就馬上修復，但是修復之後又立刻被打破。項羽這招果然奏效，讓劉邦不敢輕易派兵前往敖倉運糧，以致滎陽城裡的糧食越來越缺乏。雖然漢軍暫時能抵

擋項羽的猛烈攻擊，但是，如果糧食缺乏的話那就必敗無疑了。考慮到因為現在正被楚軍包圍，沒地方撤退，想要逃出去，恐怕只剩下講和這條路了，於是劉邦向項羽提出這樣的講和條件：「漢以後絕對不向東進兵，但是滎陽以西的土地劃歸漢所有。」

　　項羽認為這樣的條件可以接受，雖然表面上劉邦被困在滎陽，兵糧缺乏，十分狼狽，項羽似乎處於優勢；但其實，項羽也有他的煩惱，在跟劉邦作戰的時候，齊國正逐步的鞏固勢力，九江的黥布也背叛楚而依附漢，背後的梁也因為彭越不斷騷擾的關係，局勢很不安定。項羽覺得，目前最應鞏固的是楚的周邊地帶，劉邦的問題還可以緩一緩。但這個想法遭到范增強烈的反對，范增說：「對楚來說，最大的敵人就是漢，無論在誰看來都是

很清楚的事情，現在漢已經沒什麼好怕的了，我們只要再堅持一步就能把他們消滅。好不容易把他們逼到這個地步，就要趁機徹底擊敗他們，如果能夠把漢消滅，其他那些不起眼的小角色，可以之後慢慢的處理。」項羽聽了這些話，覺得很有道理，於是拒絕講和，繼續對滎陽發動更猛烈的攻擊。

當劉邦感到進退兩難的時候，護軍中尉陳平適時給了一個意見。陳平告訴劉邦說:「楚還是有弱點可以利用的，項王的臣子最能幹的只有范增、鍾離眛、龍且、周殷這些人。如果漢王您捨得花錢，我一定能夠收買他們，或是挑撥他們的關係，讓他們君臣互相猜疑。項羽這個人疑心病很重，容易相信讒言，到時他們一定會發生內訌，互相殘殺，我們再趁機攻擊，就能獲得最後的

勝利。」

　　劉邦聽了之後，心想反正也沒有其他的方法，乾脆死馬當活馬醫，馬上給陳平四萬兩黃金，讓陳平用這筆錢作為經費，派許多間諜到楚地散布謠言，說:「鍾離昧、龍且這些將軍，跟隨項王立下很大的功勞，卻得不到封王，他們很怨恨項羽，暗地裡私通劉邦想要消滅項王。」流言在項羽的陣營中傳開，項羽不斷聽到這樣的傳聞，再加上他的疑心病本來就很重，不禁開始對臣子猜疑起來，不再像以前那樣信任他們了。

　　不久後，項羽因為有事派遣使者到漢營，自古以來兩國交戰不殺來使，聽到楚的使者要來，陳平就向劉邦獻上一計。劉邦先派人擺出最上等的飯菜，採用最尊敬、最隆重的禮節對待項羽的使者，然後出來跟使者見面。等

使者開口之後，劉邦故作驚訝的說：「什麼？不是亞父（范增）派你來的嗎？原來你是項王的使者啊？」說完馬上下令把豪華的酒席撤走，改換粗糙的飯菜，態度也變得很冷淡。項羽的使者中計了，回去之後將這件事情告訴項羽，項羽果然對范增起了疑心。項羽開始防備范增，千方百計想削減范增的權力，范增勸他急速攻城的時候，項羽偏偏放慢節奏，故意跟他唱反調，還帶著懷疑的眼神看著他，心裡想著：「怎麼辦好呢？要不要照做呢？如果照他的話去做，中了圈套的話怎麼辦呢？」

　　范增當然聽說了陣營中的流言，他跟在項羽身邊這麼多年，十分了解他的性格，直爽的項羽心中是藏不了事情的，他知道項羽開始懷疑自己，也明白離開的時間到了。於是范增跟項羽說：

「天下的事大體上已經決定了，往後大王您自己作主就可以了，我的年事已高，已經不能擔任職務，請讓我辭職回家鄉去吧。」沒想到項羽連一句挽留的話都沒說，馬上就批准范增的辭呈，打發他回彭城。范增在返鄉的路上悶悶不樂，越想越氣憤，越想越傷心，極度悲憤之下，導致背部的毒瘡發作，還沒回到故鄉就病死了。項羽後來終於發現自己中了敵人的反間計，等他想把范增追回來時，卻得到范增已經去世的消息，讓項羽相當的懊悔。

西元前 203 年 5 月，項羽對滎陽的進攻更加猛烈，完全切斷滎陽的補給線，城裡的糧食快要吃完，眼看漢軍就要撐不下去了。百般無奈之下，漢軍將領紀信提出讓自己捨身欺騙楚軍的計策，打算讓劉邦突圍脫險。一天晚上，滎陽城門突然大開，從城

裡跑出來兩千多名頂盔披甲的漢軍，楚軍衝過去一看，原來都是婦女打扮的。這時候又來了一輛天子的車駕，車前打著漢王的旗幟，護衛的人大喊著：「城裡的糧食已經吃光了，漢王要投降！漢王要投降了！」楚兵聽到漢王要投降，高興的大聲歡呼，紛紛離開陣地擁到東門看漢王投降。項羽聽說劉邦終於要投降了，高興得不得了，騎著他的愛馬高傲的前去，打算看看劉邦狼狽的樣子。結果上前一看，發現車子裡面居然不是劉邦，而是劉邦的大將紀信，項羽發現苗頭不對，問紀信說：「劉邦在哪裡？」紀信回答：「早就騎馬出城走得老遠了。」原來，劉邦趁亂，在數十位騎士的保護下由西門逃走了，老奸巨猾的劉邦再次使計脫逃成功。

　　劉邦逃走之前，命令御史大夫周苛、樅公、魏豹留下來守滎

陽城。但是周苛和樅公兩人商量，認為魏豹很可能會叛變，如此一來根本無法安心守城，因此合謀把魏豹給殺了。項羽攻下滎陽城之後抓到周苛，項羽對周苛說：「如果你當我的將領的話，我可以任命你為上將軍，給你三萬戶的封地。」沒想到，周苛反過來罵項羽說：「你還是趁早投降漢吧，不這樣的話，很快就會變成漢的俘虜，你這種人不會是漢的對手的。」項羽聽了簡直是氣壞了，於是下令把周苛給煮了，也把樅公殺掉。

7　四面楚歌

　　劉邦逃出滎陽回到關中之後，努力的招收士兵，九江王黥布也投靠到劉邦這邊。當劉邦召見他的時候還一邊洗腳，讓黥布感到很憤慨，後悔自己來投靠這個傲慢無禮的傢伙，甚至想要自殺一了百了。但是當黥布回到住處的時候，卻大吃一驚，因為他發現，他的帳幕、衣服及日常用品，都跟漢王劉邦使用的一模一樣，連飲食和侍衛也跟劉邦相同，他的疑慮才消失，轉為一種感激的心情，認為自己可以為了漢王犧牲生命。同時，黥布也偷偷的回到九江，想探望家裡的狀況，沒想到，因為他背叛項羽，項羽便把他的妻子和孩子都殺害了，所有的軍隊也都收為己有，項羽對待他的方式，跟劉邦天差

地遠，讓他更下定決心要跟隨劉邦。

西元前 203 年，劉邦積極的招兵買馬之後，一方面派韓信攻擊趙和代這兩個地方，自己跟黥布兩人則向宛和葉這兩地進攻。項羽聽到劉邦進攻的消息，馬上率兵南下，準備和漢軍大戰一場，但是劉邦卻築起了很高的圍牆，努力防守而不出戰，項羽也無可奈何。當項羽轉戰滎陽、宛、葉的時候，彭越的勢力也越來越大。項羽心想，楚軍後方如果被干擾，糧道斷絕，是無法繼續打仗的，他決定把攻擊劉邦的任務交給部將，自己親自率領軍隊討伐彭越。

項羽打敗彭越之後，軍隊再度轉到當時劉邦所在的成皋，並發動猛烈的攻擊。劉邦嚇得魂不附體，和夏侯嬰兩人偷偷從成皋北門逃走，渡過黃河，在修武一

間不起眼的客棧住了一晚，第二天早上，劉邦偽裝成漢王的使者，跑到韓信的陣營中。劉邦取回韓信的印信，親自升帳召開緊急會議，收回原本撥給韓信的幾萬士兵，想要利用這些軍隊與楚兵決戰。但郎中鄭忠建議劉邦，不要急著打仗，先讓敵人疲於奔命，這一招果然奏效，劉邦順利的擊敗楚軍，占領十幾座城池，還侵入了楚的糧食補給線，重新奪回成皋。劉邦打算以成皋北方的廣武，作為打敗項羽的根據地。

項羽聽到成皋被劉邦占領的消息之後，急忙回到成皋，想跟劉邦一決高下；但是劉邦因為從敖倉得到糧食的補給，所以擺出一副準備要打持久戰的樣子，怎麼都不肯出戰。就這樣，在廣武這個地方，劉邦、項羽兩方的軍隊誰也不敢輕舉妄動，各自把握

時機修築防禦工事，分別在廣武山上築起東、西二城。東城是楚兵所有，稱為霸王城；西城是漢軍所有，稱為漢王城，兩城中間有一條寬約三百公尺的大溝相隔。直到現在，漢王城和霸王城這兩座歷史遺跡，還在廣武山上遙遙相對呢！

　　從西元前 203 年 10 月開始，楚、漢兩軍足足僵持了十一個月之久，這對個性急躁的項羽來說，每一天都是煎熬。他對戰情的膠著感到煩躁，認為必須快點跟劉邦有個了結。某一天，項羽把一直扣押在軍營中的劉邦父親拉到漢軍陣前，將他架在一個很大的砧板上，大聲的對劉邦說：「你如果不投降的話，我就把你的父親煮了。」沒想到劉邦居然回答說：「我們當初都受到楚懷王的重用，結拜成兄弟一起奮鬥，我的父親也就是你的父親，如果一

定要煮你的父親，那我還希望你分我一杯羹哩。」

劉邦這種無賴的口吻，更激起項羽心頭的怒火，轉身就想殺了劉邦的父親。但是他的叔父項伯勸他說：「天下的形勢還沒有定局，以後會怎樣還不知道呢，有志於天下的人是不會記掛家裡人的，你殺了他的父親又有什麼用呢？不過是增加他的仇恨而已，還不如暫時把他關進軍營，日後也許會有用處。」項羽沒辦法，只好聽項伯的話，暫時放了劉邦的父親。

項羽用盡各種方法激戰，劉邦就是不為所動，讓項羽更是焦燥不安。眼看士兵們越來越疲勞，糧食也越來越缺乏，項羽不忍心看到部下再這樣吃苦，於是轉而提出跟劉邦單挑的建議。項羽再度來到漢軍的陣營前，對劉邦喊話說：「這幾年天下戰爭不

斷，都是因為我們兩個人的緣故。怎麼樣？要不要跟我面對面一較長短，一決勝負？不要再讓天下的百姓受苦了。」劉邦站在城牆上，聽了之後哈哈大笑說：「傻小子，要沉住氣啊！別說得那麼好聽，我劉邦不能跟你一般見識，我只鬥智，不鬥力。」

項羽聽了很生氣，派出幾個猛將到漢王城下方叫陣，劉邦暗中在城牆上埋伏一個神射手，把項羽連續派出的三名壯士都射死了。項羽一氣之下，乾脆自己披上盔甲拿著兵器出營挑戰。那個神射手原本正在瞄準項羽，卻聽到一聲怒吼，嚇得渾身發抖，無法射箭，逃進城牆內不敢出來了。劉邦大吃一驚，沒看清城外叫陣的人是誰，就派人暗中打聽，後來知道原來是項羽親自出馬，驚嚇之餘，也相當佩服項羽的勇猛。

　　項羽再度逼近漢軍的陣地，跟劉邦約在廣武澗對話。廣武澗就在廣武山上，中間有一條深谷相隔，兩岸相距只有三百步左右。只見劉邦忽然高聲數落項羽的十大罪狀，他說：「我當初跟你一起接受懷王的命令，聲明先平定關中的人就可以當關中王，可是你不聽懷王的命令，破壞盟約，把我趕到蜀漢，不仁不義，這是第一條罪狀。你假託懷王命令殺掉宋義，自封為上將軍，心狠手辣，這是第二條罪狀。你奉命領軍援救趙國，擊退秦軍後應該回去向懷王報告，沒想到卻擅自脅持諸侯進關，目無王法，這是第三條罪狀。懷王要我們進入關中之後不許燒殺擄掠，你一到咸陽就焚燒秦宮室，挖掘始皇墳墓，盜取財物，連強盜都不如，這是第四條罪狀。你毫無理由的殺掉投降的秦王子嬰，心腸歹毒，這

是第五條罪狀。」

　　劉邦大氣不喘的又接著說：「你在新安坑殺二十萬投降的秦兵，慘無人道，這是第六條罪狀。你分封諸侯不公，好的地方都封給親信，原來的諸侯都被趕走，故意挑起爭端，這是第七條罪狀。你貪心不足，殺了韓王成，驅逐義帝，自己霸占大部分的土地，這是第八條罪狀。你派人在江南暗殺義帝，這是第九條罪狀。你身為臣子卻殺死自己的主子，還殺已經投降的人，不守信用，大逆不道，天下人都不能忍受這種行為，這是第十條罪狀。我高舉正義的旗子，會同諸侯軍討伐亂臣賊子，你的末日已經到了！」劉邦振振有詞，把項羽批評得一無是處，項羽聽完之後，怒火中燒，立刻拉開弓箭，一箭射中劉邦的胸部。

　　劉邦傷得很重，但他怕軍心

　　動搖，急中生智，連忙彎身捏住腳趾，大叫說：「這個逆賊射中我的腳趾了！」然後迅速騎馬回到營區。為了安定士兵的情緒，劉邦還接受張良的建議，勉強支撐身體出來慰問將領士卒。他回到成皋之後，一面養傷，一面計畫接下來的攻守策略。劉邦進一步鞏固後方，博得民心，他下令撫恤將士，凡是不幸陣亡或是病死的將士，他都派官員舉行隆重的葬禮，並派人親自將遺體送回他家裡。因為這樣，漢軍內部更加團結，劉邦很快的又率領新募來的士兵回到滎陽作戰。

　　西元前 202 年秋天，楚漢戰爭的形勢已經起了變化。項羽率領大軍在滎陽一帶與劉邦對峙將近一年半，將士們遠離家園，疲勞厭戰。最讓項羽頭痛的問題是糧食嚴重缺乏，後方根據地連年吃緊，也讓項羽心力交瘁。韓信

平定齊國之後，嚴重威脅到楚都彭城。彭越、劉賈、盧綰等人率領軍隊攻城掠地，截斷糧道，破壞軍資，把楚軍搞得狼狽不堪。劉邦這邊則是因為有敖倉供應糧食，離關中較近，外援充足。兩軍比較起來，楚軍已明顯處於劣勢。

這段時間，劉邦的妻子呂雉和父親劉太公仍然被扣押在項羽的軍中，劉邦派人前去請求項羽放還。項羽告訴劉邦的使者，只要劉邦願意和談，他就釋放劉邦的父親和妻子。劉邦於是派人跟項羽談判，最後雙方約定以鴻溝為界，鴻溝以東為項羽的西楚國，鴻溝以西為劉邦的漢國，這是一個二分天下的方案。

項羽本來不肯答應這個條件，但是使者告訴他，漢軍這邊的人力、物力源源不絕，將領韓信也不是項羽能夠輕易應付的人

物。在使者的勸說之下，項羽只好答應了。項羽心想，先把眼前的問題解決了，以後的事情以後再考慮吧。所以最後他同意講和，並送回了劉邦的父親和妻子。

和談成功之後，項羽率兵退回東邊，劉邦也打算帶著他的家人撤回關中。沒想到張良和陳平卻不同意劉邦這麼做，他們對劉邦說：「我們已經有了一半的天下，諸侯都倒向我們這邊，楚軍現在兵疲民困，糧食缺乏，正是滅楚的好機會，不趁這個機會把天下奪過來，反而放項羽回去的話，簡直就是縱虎歸山，後患無窮啊！」

張良和陳平成功說服了劉邦，西元前 202 年 10 月，劉邦背叛盟約，發兵追擊正往東邊撤退的項羽。劉邦一面指揮滎陽的漢軍追擊往東撤退的楚軍，一面命

　　令被封為齊王的韓信和被封為建成侯的彭越出兵助陣。可是當劉邦的軍隊越過鴻溝的時候，韓信和彭越的軍隊卻按兵不動，沒有對楚軍發動攻擊。在此同時，項羽和他的軍隊發現劉邦居然出爾反爾，個個都很憤慨，在項羽的指揮下迅速反撲，給劉邦來一記回馬槍，把漢軍打得落花流水。

　　原來韓信和彭越不出兵，是對劉邦只封他們爵位，卻沒有得到實際的封地感到不滿。劉邦知道之後雖然很氣憤，但現在正是用兵的重要時機，這兩人根本得罪不得，儘管心有不甘，但也只能聽從張良的建議，答應與他們共分天下。劉邦派使者傳令給韓信和彭越，聲明：「消滅項羽之後，陳以東到海邊都給韓信，睢陽以北至穀城都給彭越。」這一招果然有用，韓信和彭越兩人接到命令之後，迅速發兵與劉邦的軍

隊會合，統一行動，對項羽展開猛烈的攻擊。

劉邦為了徹底置項羽於死地，剛到固陵不久，就派堂兄劉賈帶領部隊渡過淮河，深入西楚後方與黥布取得聯繫，聯合圍攻壽春，劉賈和黥布會合之後，派人招降西楚鎮守淮南的指揮官周殷。周殷與黥布的軍隊會合之後，跟著劉賈和彭越的部隊襲擊項羽，掐斷了項羽南邊的退路，西邊、北邊則是有劉邦和韓信軍隊的逼近。項羽人單勢孤，又是在撤軍途中毫無防備的情況下遭到偷襲，只好步步退讓，直退到垓下這個地方。

這時候已經是寒冬，天寒地凍，楚軍的糧食、物資極端缺乏，士氣低落，幾乎是每戰必敗，項羽沒有辦法突破困境，只好守在營區裡按兵不動。一天夜裡，突然從遠方傳來一種聲音，

這聲音由遠到近，最後四面八方都響起這種聲音，楚軍的將士們仔細一聽，原來是他們家鄉楚地流行的歌謠，他們已經很久沒有聽到了。聽著聽著，楚軍營內一片的抽泣聲，士兵們越聽就越想念家鄉，也越來越無心於打仗，有幾個膽大的士兵率先往東南方跑去，接著一批接著一批的逃散，楚軍的軍力急速的瓦解中。

項羽原本已經累得睡著了，他的愛妾虞姬被歌聲驚醒，仔細聽了一會兒，領會了歌詞的大意。她撩起營帳的布簾往外一看，發現士兵陸陸續續的逃散。虞姬感到事態嚴重，便把身旁的項羽搖醒，項羽聽到這些歌聲大吃一驚，追問虞姬：「哪來的楚歌？難道漢軍已經把楚國全部占領了嗎？」項羽被歌聲搞得心浮氣躁，遲遲無法入睡，只能在軍帳裡喝悶酒。面對他寵愛的虞姬和

長久以來與他一塊兒馳騁沙場的愛馬，心中百感交集。項羽默默的站起來，感慨悲傷的唱起一首歌:「力拔山兮氣蓋世，時不利兮騅不逝。騅不逝兮可奈何！虞兮虞兮奈若何?」項羽反覆唱了好幾遍，直到聲音哽咽，再也唱不下去為止。

虞姬見項羽心事重重，感到很不忍心，她知道項羽捨不得丟下自己突破重圍，她不願意變成項羽的負擔，於是也和歌唱道：「漢兵已掠地，四面楚歌聲。大王意氣盡，賤妾何聊生?」正當項羽對虞姬歌詞的內容感到震驚的時候，只見虞姬轉過身，順手摘下掛在軍帳上的寶劍刎向頸子，鮮血當場噴了出來，她用自刎表明對項羽的支持。悲傷的項羽抱住虞姬的屍體大哭，這是他有生以來頭一次哭得這麼傷心，站在軍帳外的將士看到這個情景，也

都難過得痛哭流涕。

哀慟不已的項羽，強忍悲傷的情緒，就地掩埋虞姬的屍體之後，決定趁夜突圍，爭取一線生機。他帶著剩下的八百名親兵，乘著大霧悄悄潛出營地，從東南方衝出防線，用一匹來自江東的老馬帶路，順利的在黎明之前來到通往江東的大道。

如果楚營中留下的人晚一點投降，或許項羽的軍隊就能跑得更遠一點，但是這些人怕漢軍發動攻擊，天剛亮就派人舉了白旗，因此劉邦很快就知道項羽逃走的消息了。「你們都是飯桶！」劉邦氣得破口大罵：「六十萬大軍重重包圍，你們竟讓這頭猛虎跑掉了！」劉邦命令灌嬰率領精兵迅速追擊，並且下令說：「只要拿到項羽人頭的人，我就賞他千金，還封他當有一萬戶人家領地的諸侯！」

就這樣，項羽帶著八百名精兵在前奔逃，灌嬰帶著一萬名騎兵在後面追趕，除了短暫用餐、休息之外，日夜都在趕路。項羽騎的烏騅馬腳程快，如果他只顧著自己逃命的話，漢兵是怎麼追也追不到的；但是項羽並沒有這樣做，他帶著他的親兵一起逃，但是這八百坐騎有快有慢，一起行動，速度就慢了很多，最後終於在淮水邊被漢軍追上了。項羽主動反擊，斬殺漢兵三千多人，嚇得漢軍連退十幾里，灌嬰雖斬殺了幾個逃跑的校尉，還是控制不了漢軍的逃竄。

項羽殺出重圍之後拼命的趕路，渡過淮水之後，回頭一看，發現身後的隊伍只剩下一百餘騎了，當項羽騎馬站在淮水邊等部將過河時，心中不禁感慨萬千。八年前，叔叔項梁和他率領八千個江東子弟渡過淮水的時候，是

多麼的意氣風發，大家滿懷壯志理想，如今再渡過淮水，卻只剩一百多名殘兵敗將了。

渡過淮水後，漢兵很快的又追了上來，項羽再度轉身攻擊，這次灌嬰學乖了，他明白垂死掙扎的猛虎比平日更凶猛百倍，犯不著與他硬拼。戰場上有條不成文的規矩，兩軍交戰時，總是兵對兵，將對將；換句話說，他要面對的是對方的主將項羽，但是要灌嬰迎戰這頭做困獸之鬥的猛虎，他還真是相當遲疑，因為項羽的驍勇善戰是眾所皆知的。灌嬰於是想到一個妙計，他們緊跟著項羽，等項羽一回頭攻擊，他們就自動離得遠遠的，有時找到空隙也殺他幾名部下，這樣就不用和項羽正面對決了。

當項羽的部隊逃到陰陵的時候，迷失了方向，不得已只好派一名騎兵向一個農夫問路。也許

是這個小伙子說話口氣凶了點，也許是那個老農夫聽不懂他的話，只見那農夫隨手一指說：「向左走。」沒想到往左走之後不久，一群人就陷入沼澤之中迷了路，繞了一大圈子走到東城的時候，只剩下連項羽在內共二十九騎的人了。

這時候，數千騎的漢軍已經追了上來，項羽知道逃不掉了，決定跟漢軍決一死戰。項羽慷慨激昂的對身邊二十八名騎兵說：「我起兵到現在已經八年了，打過七十多場戰役，從來沒有打過敗仗，因為這樣，我做了天下的霸王，想不到今天竟然被困在這裡，這是天要滅亡我，並不是因為我仗打得不好啊！今天我決心戰死，但還願意為你們跟敵人痛痛快快的打一場仗，一定要三次取勝，斬殺漢將讓你們突圍。這樣，你們就可以知道是天要亡

我，不是我不會打仗的緣故。」就這樣，項羽把二十八名騎兵分為四隊，面向四方，漢軍則把他們層層包圍起來。

項羽對他的騎兵說：「看我給你們斬一個敵將！」隨即下令四隊人馬殺下去，約好衝到山的東面之後分三處集合，只聽到項羽大喊一聲，接著就率先殺入敵陣，漢軍嚇得四處逃竄，項羽果然殺了一名漢將。有個漢將叫做楊喜，看到項羽單槍匹馬來破陣，心想可以把項羽俘虜，趁機立個大功，於是從後面追了上去，沒想到項羽一回頭睜大眼睛瞪著他，楊喜居然嚇破了膽，連馬也受到驚嚇，一下子就逃到幾里外的地方去了。

項羽他們按照事先約定好的，在山的東側會合，分成三隊，漢軍不知道項羽在哪一隊，沒有辦法，也把軍隊分成三隊，

每隊包圍楚軍一隊，項羽又再度衝入敵陣，斬殺士兵數百人。當項羽的精兵再度會合的時候，項羽檢點人馬，只損失了兩人而已。「看到了吧？」項羽對著周圍的騎兵們說著，騎兵們對項羽佩服得五體投地，異口同聲的說：

「就跟大王說的一樣，您真不愧是蓋世英雄！」

項羽帶領著二十六名騎兵再度突圍，向東南方後退到長江的一條支流烏江，打算從這裡南渡，回到江東，東山再起。當他來到河邊時，烏江的亭長已經準備好船隻在那裡等著。他對項羽說：「自古勝敗乃是兵家常事，大王何必憂傷呢？江東地區雖然不大，但是方圓千里，百姓幾十萬，可以稱王了。現在這附近就只有我這艘船，請大王快點上船吧！等我送您過江之後，漢軍就沒辦法追過來的。」

　　項羽本來還想渡江回到江東，雖然很難馬上捲土重來，至少可以保住性命，但在聽到這些話之後，面對滾滾的大江，想逃的念頭突然消失了。項羽悽慘的笑說：「老天爺要一滅我，我還渡江做什麼呢？當初我帶領江東子弟八千人一起渡江西進，如今沒有一個人生還，縱使江東父老可憐我，讓我稱王，可是我還有什麼臉見他們呢？即使他們嘴上不說，難道我不感到羞恥嗎？」項羽拒絕亭長的好意，拉著他的愛馬跟亭長說：「這匹馬我已經騎五年了，所向披靡，一天可以跑上一千里，我不忍心殺掉牠。我知道你是一個忠厚的長者，我把我的愛馬送給你吧！」

　　項羽指揮剩下的二十六名騎兵通通下馬步行，手持短劍與漢軍決鬥，他們此刻已經把生死拋到腦後，心中只有仇恨，只有一怒

火，二十幾名將士殺了近千個敵人，項羽本人就殺了幾百人，自己身上也受了十多處傷。

在亂陣中，項羽遠遠的看見衝上來的漢軍將領呂馬童，大聲的說：「你不是我的老朋友嗎？」呂馬童仔細一看，認出了項羽，指著項羽對另一名漢將王翳說：「他就是項羽。」項羽說：「我就是項羽沒錯！我聽說劉邦懸賞千金和封邑萬戶來買我的項上人頭，今天我就成全你們。」話一說完，項羽對著滔滔的烏江拔劍自刎而死，結束了他悲壯的一生。那一年，他不過只有三十一歲。

就在項羽拔劍自盡的時候，漢軍還在往後退，就怕項羽衝過來。當他們一看到項羽倒下，就又一窩蜂的衝向項羽的屍體。王翳砍下項羽的頭顱，其餘的騎兵開始搶項羽的身體，以求領功受賞。他們互相踐踏，互相殘殺，

竟有幾十人在這場爭奪中喪生。最後，郎中騎楊喜，騎司馬呂馬童，郎中呂勝和楊武四人各砍下項羽的四肢，回去向劉邦請功。王翳和這四人將項羽的肢體拼湊在一起，證明的確是項羽。因此，劉邦將最初許諾的萬戶邑分成五份，每人各得兩千戶，一律封爵。

項羽的死等同於西楚的滅亡，楚地百姓群龍無首，紛紛投降，只有魯城的居民一直抵抗，讓劉邦非常的惱火，指揮大軍準備血洗全城。但是當劉邦的軍隊攻到城下的時候，城內不時傳來琅琅的讀書聲和悠閒的樂聲，讓劉邦十分感動，欽佩他們不愧為禮儀之邦，也讚許他們為主人死守禮節的氣概。於是劉邦改變初衷，派人把項羽的頭顱拿出來展示，魯城的居民確定項羽已經死亡，才向劉邦投降。當初楚懷王

在世的時候，曾經封項羽為魯公，後來劉邦便以魯公的禮制將項羽埋葬在穀城，並由劉邦本人親自送葬。

歷時四年之久的楚漢相爭終於宣告落幕。

這場爭鬥最後的勝利落在平民出身的劉邦手裡，當劉邦建立漢朝，君臨天下的時候，他記取秦朝滅亡與項羽失敗的教訓，制定了新的統治政策，改善了人民的生活，成就了後來的大漢盛世。

後　語

　　看完項羽的故事，你有什麼感想呢？是為項羽的失敗惋惜，還是為劉邦的成功喝采？不管如何，這是一個發人深省的故事。

　　宋代有個很有才氣的女詞人叫做李清照，她寫過一首詩：「生當為人傑，死亦為鬼雄。至今思項羽，不肯過江東。」這是她對項羽慷慨悲壯的死獻上最貼切的悲歌。項羽是個豪氣蓋世、叱吒風雲的人物，陳勝、吳廣的起義爆發之後，當時才二十多歲的項羽，跟著叔父項梁起兵響應，四處東征西討；當陳勝、項梁先後戰死，義軍處於危難關頭時，項羽不氣餒、不妥協，始終以無比的氣魄和信心，與秦軍做殊死的戰鬥。項羽在鉅鹿之戰中，以無比氣勢和勇氣勇往前進，破釜沉

舟，率領義軍與秦軍進行激烈的戰鬥，也間接幫助劉邦攻進咸陽推翻秦朝，十足表現出他的英雄氣概和非凡的軍事才能。即使後來被漢軍三路追擊，受困在垓下，項羽也不坐困愁城，反而一馬當先突破重圍，為扭轉形勢奮鬥到最後一刻，最後雖然有機會渡江活命，也因為「無顏面對江東父老」，不願意苟延殘喘，而選擇勇敢的結束生命。

　　項羽和劉邦兩人比起來，大多數人還是比較喜歡項羽的，可能是因為在垓下之戰的時候，項羽唱著「虞兮虞兮奈若何」的悲壯歌聲與愛姬生離死別，以及他的壯烈犧牲，留給世人深刻的印象，讓項羽成為一個極具戲劇性的悲劇英雄，很多人都為他的壯志未酬感到慨嘆。劉邦就不一樣了，他的個性較為無賴，很多次危急的時候，都是靠著「一皮天

下無難事」的無賴功夫，才得以脫困；就算在得到天下之後，還殺死功臣韓信、彭越、黥布等，普遍被認為是個無情無義的主子，自然比較不受歡迎。

但是，光是用感情是不能評價歷史的，我們還要仔細深思，才能從「楚漢相爭」這段歷史中得到教訓。

在領兵打仗這方面，項羽是很有本事的，就像他自己所說的，打過七十幾場戰役，從來就沒有輸過；相較之下，老是打敗仗，一輸就逃跑的劉邦，還真是比不上呢！但是，在一場又一場的戰爭中，無論項羽怎樣驍勇善戰，得到的只是局部的勝利，就像韓信所說，他不過是「匹夫之勇」罷了。項羽最致命的缺點，在於沒有具備認清大局的眼光，對自己過於自信，總認為戰場上沒有人能跟他相比，因為這樣，

他聽不進別人的意見，也不考慮人家的心情，甚至到最後都沒有覺醒，垓下之戰的時候，還對部將們說自己的失敗是「天亡我也，非戰之罪也」，說他的失敗是上天要滅他，不是他不會戰鬥的緣故。太史公在〈項羽本紀〉後的評論中寫說：「項羽到最後關頭了居然還不覺悟，說是『上天要滅我，不是我不會戰鬥的緣故』，不是很荒謬嗎？」可見中國歷史上最偉大的史學家，也很不欣賞項羽到死都還不能覺悟的缺點呢！

　　想逐鹿天下，不是只要會打仗就夠了，更重要的是如何得到民心，這一點項羽是失敗的。他老是沉醉在戰爭的勝利中，還放任部屬殘忍的坑殺降兵，才會讓人民大失所望。劉邦進入咸陽的時候，不管是真情還是假意，他對皇宮的財寶分文未取，還跟人

民「約法三章」以收攬民心；反觀項羽，卻隨心所欲的掠奪和破壞，一點都不重視咸陽在政治和軍事上的重要性，還說如果富貴了卻不能回家，就像是穿著漂亮的衣服走在夜裡一樣，不會有人看見。從這裡我們就可以看出，項羽的眼光實在相當的短淺，如果說，當時項羽能在咸陽建立基礎，讓關中成為他的大本營，劉邦是不會有機會出頭的。

另一方面，項羽的軍隊雖然戰績輝煌，但是紀律敗壞，所到之處無不破壞殆盡，這是一個致命的缺點。在新安，項羽坑殺秦降將二十萬人；進入關中之後，又放火焚燒秦朝的宮殿，大火足足燒了三個月；在齊國，他縱兵燒殺擄掠，無所不做。歷時七年的戰爭中，項羽不只一次用屠城的方式報復守城軍民，很多無辜的百姓因而慘遭殺害，這種殘暴

野蠻的行為，跟秦始皇相比有什麼不同呢？項羽雖然在戰場上得到許多勝利，但是他卻輸掉了最可貴的民心。

　　當然，你或許會說，如果在鴻門宴的時候，項羽能夠聽從范增的話殺掉劉邦，歷史就可能會改寫。這些都只是如果而已，歷史是不可能重來的，很多事情在抉擇的當下，就注定了以後的發展，因此，我們在做決定的時候，一定要謹慎小心，這是我們必須要切記的。項羽擅長打仗，但是戰爭以外的事情，總讓人覺得很幼稚無知，他剛愎自用，聽不進別人的建議，讓他在許多重大決策上一再失誤，鴻門宴的時候沒有當機立斷殺掉劉邦，就是他生涯中最致命的錯誤。

　　項羽看起來像是個英雄人物，但是他缺乏判斷能力，連唯一的智囊范增也不能充分利用，

　　張良、韓信、陳平等人曾經投入他的麾下，項羽也沒有發掘他們的長處，這些人後來都為劉邦效力，反過來成為消滅項羽的力量。還記得當兩軍在廣武對峙時，沉不住氣的項羽要求與劉邦單挑，當時劉邦怎麼說嗎？他回應項羽說：「我寧可跟你鬥智，也不要跟你鬥力。」最後，果然是堅持鬥智的劉邦戰勝了只會鬥力的項羽，只知逞血氣之勇的武夫最後只能長眠穀城，留下永遠的遺憾。從這點來看，我們就會知道，不是天要滅亡項羽，而是項羽的盲目自大讓他滅掉自己才對。

　　項羽的故事，給你什麼反省呢？你想當個空有能力卻缺乏眼光和謀略的人，還是也許才能普通，但能虛心接受建議的人？楚漢相爭的結局，就給了我們最好的答案。

項羽

前231年	出生在下相，家族世代顯赫，祖父即楚國名將項燕。項羽生來與舜帝一樣是「重瞳子」，被祖父寄予厚望。
前224年	祖父在與秦將王翦的戰鬥中為國捐軀，隔年秦滅楚。叔父項梁帶著項羽到處避難，誓言報仇雪恨。年少的項羽對學書學劍不感興趣，改向叔父學萬人敵的兵法。
前210年	看到秦始皇出巡的盛大隊伍時，脫口而出說：「彼可取而代之！」
前209年	加入反秦的行列，不到兩年便成為各路義軍的實質領袖。
前207年	項梁輕敵被殺，反秦勢力稍挫。當趙王在鉅鹿被秦將章邯重重圍困，各路救援的諸侯都裹足不前時，項羽一馬當先，帶領楚軍以「破釜沉舟」的決心打敗秦軍，名震諸侯。

前 206 年　　秦朝結束。劉邦與咸陽百姓約法三章，一切如常。

前 205 年　　自立為西楚霸王，並藉口殺了義帝。劉邦暫時忍受屈
　　　　　　辱，退居巴蜀漢中，後占領關中，積極準備東進。

前 204 年　　與劉邦展開為期四年的楚漢相爭，雙方從多次拉鋸到
　　　　　　項羽一路敗逃，最後劉邦得到天下，成為歷史上第一
　　　　　　個平民皇帝。

前 201 年　　因無顏見江東父老而自刎於烏江畔。

世紀人物100

獻給孩子們的禮物

「世紀人物100」

訴說一百位中外人物的故事

是三民書局獻給孩子們最好的禮物！

◆ 不刻意美化、神化傳主，使「世紀人物」更易於親近。

◆ 嚴謹考證史實，傳遞最正確的資訊。

◆ 文字親切活潑，貼近孩子們的語言。

◆ 突破傳統的創作角度切入，讓孩子們認識不一樣的「世紀人物」。

國家圖書館出版品預行編目資料

悲劇英雄：項羽／林佩欣著;李建繪.－－初版二刷.－
－臺北市：三民, 2010
面； 公分.－－(兒童文學叢書／世紀人物100)

ISBN 978－957－14－4958－6 （平裝）

1.(秦)項羽 2.傳記 3.通俗作品

782.8199   96025467

© 　悲劇英雄：項羽

著 作 人	林佩欣
主　　編	簡 宛
繪 　者	李 建
責任編輯	李玉霜
發 行 人	劉振強
著作財產權人	三民書局股份有限公司
發 行 所	三民書局股份有限公司
	地址　臺北市復興北路386號
	電話　(02)25006600
	郵撥帳號　0009998-5
門 市 部	(復北店) 臺北市復興北路386號
	(重南店) 臺北市重慶南路一段61號
出版日期	初版一刷　2008年1月
	初版二刷　2010年8月修正
編　　號	S 782120

行政院新聞局登記證局版臺業字第〇二〇〇號

有著作權‧不准侵害

ISBN　978-957-14-4958-6　（平裝）